bourvil

Ouvrage dirigé par Lise Boëll et Gilles Verlant

22, rue Huyghens, 75014 Paris
www.albin-michel.fr
ISBN : 2-226-11646-X

GÉRARD LENNE

bourvil

... c'était bien

ALBIN MICHEL

Préface...

Il est 16 heures précises, ce 22 septembre 1990, quand un groupe d'individus patibulaires se rassemble sur un trottoir du Ve arrondissement de Paris. Ils ont rendez-vous là, devant le 45, rue Poliveau. L'adresse est familière aux cinéphiles, qui entendent toujours résonner, dans un coin de leur mémoire, l'apostrophe de Gabin dans La Traversée de Paris *: " Jambier ! 45, rue Poliveau... "*

C'est là que tout a commencé, c'est là que va se perpétuer le rite, c'est le point de départ de l'odyssée. Ces conjurés en imperméable mastic, de grosses valises aux poignets, sont les membres du très discret " Réseau André ", fondé par les dessinateurs Francis Khuntz et Lefred Thouron. Bientôt, ils vont se mettre en marche. But de la promenade — ou plutôt du pèlerinage ? — refaire l'itinéraire de Bourvil et Gabin dans le film en question : place Valhubert, quai St-Bernard, Pont Sully, rue du Petit Musc, rue Birague, place des Vosges, rue de Turenne, rue Béranger, place de la République, rue du Château d'Eau, rue des Petites Écuries, rue Richer, rue du Faubourg Montmartre, rue Notre Dame de Lorette, rue Fontaine, place Blanche et rue Lepic !

Une façon de célébrer l'anniversaire de la mort de Bourvil. Ce " Réseau André " pourrait passer, à première vue, pour une joyeuse mascarade d'hurluberlus déphasés, déconnectés du monde tel qu'il est, tel qu'il évolue, et se livrant à un divertissement de dandys en vouant un culte à un bonhomme bien dépassé, pour ne pas dire ringard.

Cependant, à la surprise générale, un récent sondage l'a révélé comme l'un des plus grands acteurs français de tous les temps, le classant ainsi à la cinquième place de ce prestigieux palmarès. C'est l'acteur, mais c'est aussi le chanteur qui a conquis une telle place dans le cœur des Français. Immense et paradoxale popularité ! Car à rebours de la star, l'être inaccessible dont on rêve, Bourvil était notre semblable, notre frère. " Le monde est peuplé de Bourvil, a-t-il lui-même déclaré. Ma chance, c'est qu'ils croient tous que je suis le seul. "

" Il avait la tête du monsieur qu'on croise dans la rue sans se retourner ", tel est le leitmotiv de la presse au lendemain de sa mort. " Il était un peu notre cousin à tous, précise dans Le Journal du Dimanche *le romancier Barjavel. Le cousin marrant chez qui nous avions passé nos vacances à la campagne. " Seulement, il pousse ce mimétisme à l'extrême, mine de rien. " Simple comme Bourvil " titre* Le Figaro, *et même " Le génie de la simplicité ". Et si cette facilité est si sympathique au grand public, c'est qu'il en perçoit la formidable sincérité, à l'instar d'un Marcel Aymé qui, longtemps réticent, sera conquis : " Sa force provient d'une lacune, il n'a pas appris à tricher. "*

Aujourd'hui, nous sommes tous des membres honoraires du " Réseau André ". Pourquoi André, au fait ? Parce que la belle histoire commence par la naissance d'un petit Normand nommé André Raimbourg...

C'est la

vie de bohème...

1

Le bruit des canons de la Grande Guerre ne s'était pas tu lorsque, le 27 juillet 1917, à Prétot-Vicquemare, localité du pays de Caux, le petit André-Robert naquit dans une famille de modestes paysans, les Raimbourg. Il tient son prénom de son père, André lui aussi, qu'il ne connaîtra jamais : s'il a échappé à l'hécatombe de 14-18, il vient à peine de quitter le front qu'il est terrassé par la grippe espagnole. Un fléau qui, cette année-là, tue davantage que la guerre. André est élevé par sa mère Eugénie, qui se remarie peu après avec un M. Joseph Ménard. La famille s'établit non loin de là, dans une ferme du hameau de Tonneville, qui dépend du petit village de Bourville.

À l'école, vous l'auriez parié, André est bon élève, travailleur, d'une conduite irréprochable, et le jeudi matin, il fréquente assidûment le catéchisme de M. le curé de Bourville ! Il est même choisi comme enfant de chœur, et découvre à l'église les fastes du spectacle, d'une mise en scène riche de costumes sacerdotaux et de musique sacrée à l'harmonium qui le fascineront toujours. En même temps, il est facétieux, multiplie les farces, goûte le vin de messe dans les burettes, et fredonne à la sacristie des airs profanes. Et à l'école forcément, il fait le clown pour esbaudir ses camarades. Premiers signes d'une précoce vocation d'amuseur.

À la ferme, c'est la révélation d'une boîte magique, la TSF, cette oreille ouverte sur le monde et sur toutes les formes de musique. Subjugué, André ne rêve que d'en " faire autant ", et lorsque ses parents lui offrent un harmonica, il s'en donne à cœur joie, joue les morceaux entendus. Puis il se met à la mandoline, et enfin c'est l'accordéon diatonique, objet de rêves incessants et récompense enfin accordée, qu'il parviendra à maîtriser tout seul, à force d'opiniâtreté.

André est alors promis à une carrière d'instituteur, sous l'impulsion de M. René Lemonnier, le cher maître à qui il dédiera plus tard cette chanson ravissante :

Monsieur le maître d'école
Je n'oublierai jamais le jour
C'était pendant le dernier cours
Dernier bagage
Quand j'ai senti posée sur moi
Votre main qui m'disait tout bas
"Fais bon voyage"

« Qu'est-ce qui m'a donné l'âme d'un artist' ? C'est l'piston »

M. Lemonnier a su distinguer en lui un être de qualité, aux dons multiples, surdoué en dessin et poète précoce. En 1931, il remporte haut la main le Certificat d'études. Tous les espoirs lui sont donc permis. Et c'est l'inscription à l'école primaire supérieure de Doudeville qui devrait faire de lui un instituteur ! Mais cet internat est sinistre. Allergique à la vie communautaire, il abandonne. Il quitte prématurément l'école pour apprendre le cornet à pistons au sein de la fanfare de Fontaine-le-Dun. Pour vivre, il devient apprenti boulanger. Mais le samedi soir, il se déchaîne à l'accordéon, se drogue à la TSF, imite Fernandel... Tout lui sourit puisque ses exploits musicaux séduisent la fille du contremaître de la sucrerie, M. Lefrique. Mais Jeanne est aussi sage qu'André, alors ils se fiancent seulement et, pour vivre ensemble, attendront patiemment que soient assurés les moyens de subsistance du ménage.

André propose un numéro à l'estaminet local, où se pratique encore la fameuse quête à la mouche. L'artiste doit faire le tour de l'assemblée avec une soucoupe dans la main gauche et une mouche vivante enfermée dans le poing droit. À la fin, il faut ouvrir celui-ci devant le directeur qui est ainsi assuré qu'il n'a pu subtiliser la moindre piécette. Tout cela est bien joli, mais André piétine. Alors, en 1937, c'est le grand saut. À dix-neuf ans, il devance l'appel et s'engage pour trois ans dans la musique du 24e d'Infanterie, à la caserne parisienne de la Pépinière. Un bon moyen de se perfectionner dans l'art de la trompette ! Le soir de la fête du régiment, le colonel l'entend chanter *Ignace*, le fameux succès de Fernandel. Pour le féliciter il l'invite à sa table. Les troufions, en extase, l'in-

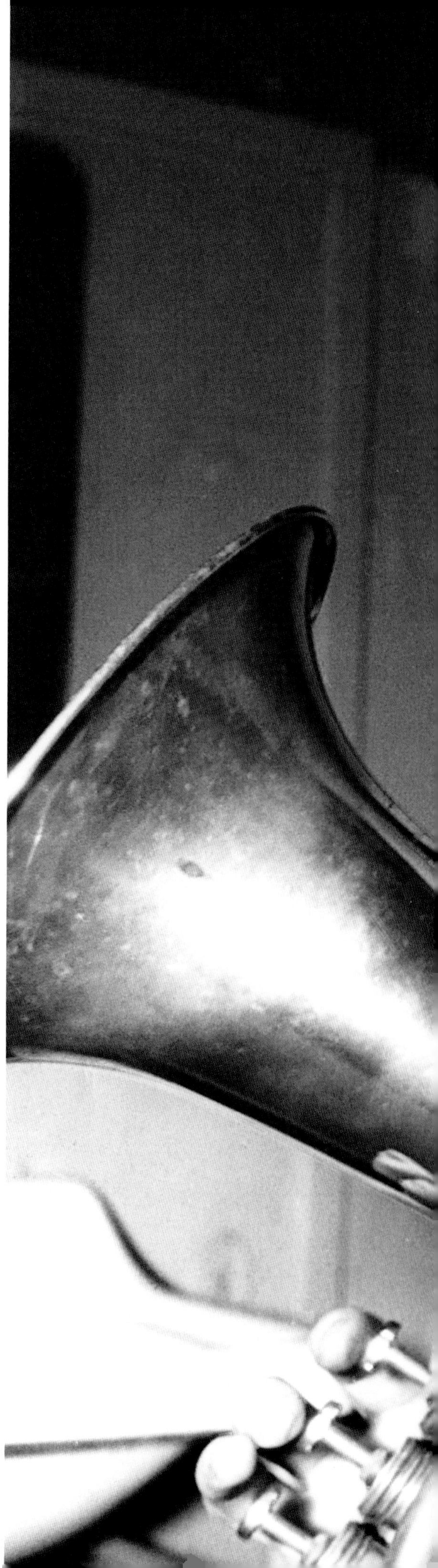

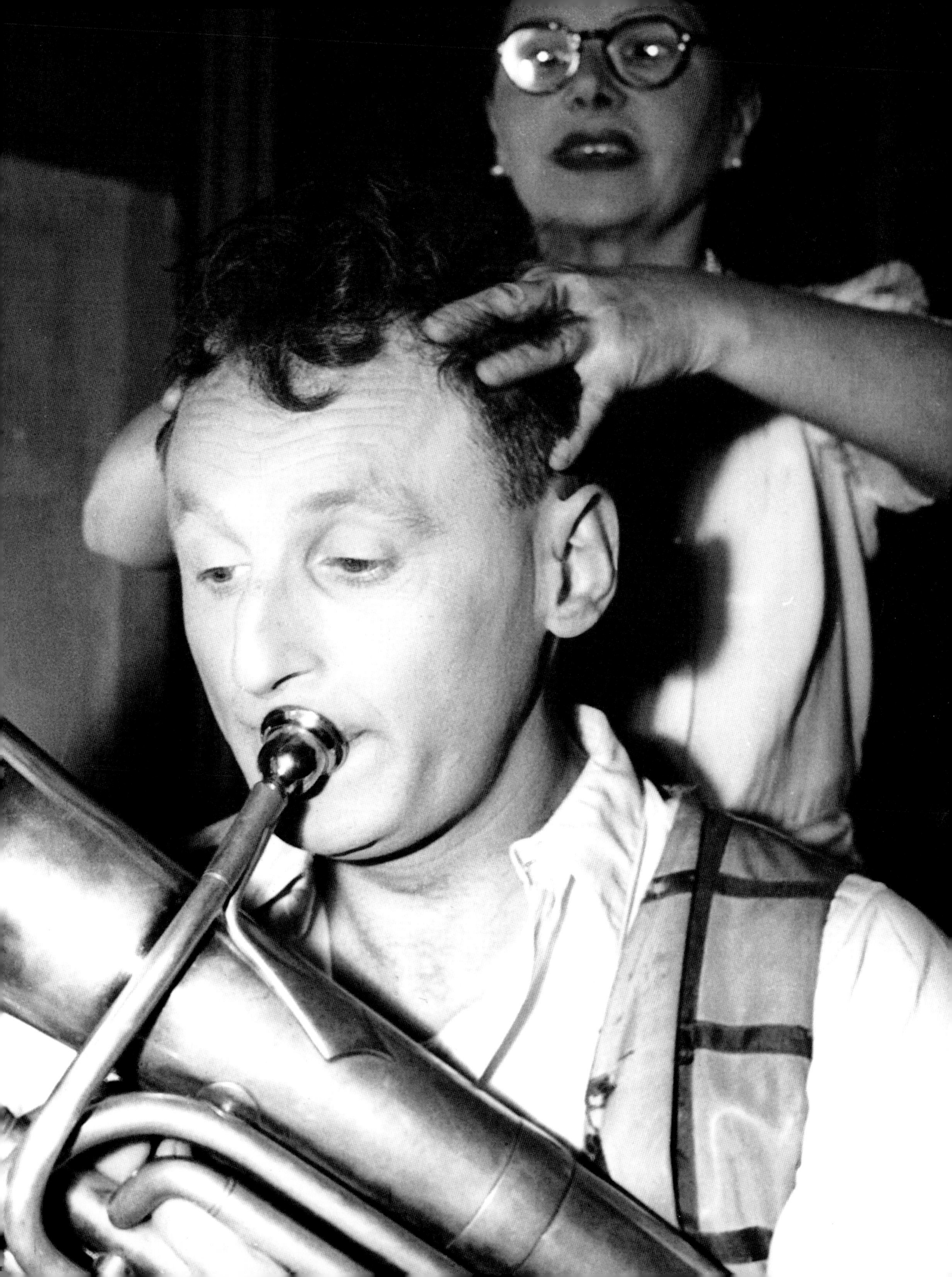

citent à se présenter au " crochet ", cruel divertissement très en vogue à l'époque et acclimaté à la TSF sous le nom de " radio-crochet "... Malheur aux nuls, impitoyablement sifflés par un public qui se prend pour les Romains du cirque. André profite de ses permissions pour participer à ce jeu ouvert à tous les chanteurs amateurs... Au concours des " fiancés du Byrrh ", il gagne le premier prix (300 F de l'époque) et se paie un accordéon, avec lequel il se met à courir les guinguettes, récoltant des cachets dérisoires pour son numéro de comique troupier. Il adopte alors le pseudonyme d'Andrel, en clin d'œil admiratif à son idole, Fernandel.

En 1939, pendant la Drôle de guerre, il est mobilisé comme brancardier. Au terme de la grande débâcle, il échoue à Pau où il se produit dans le modeste cabaret d'Etienne Lorin, ancien imprimeur, spécialiste de l'accordéon qui deviendra son ami, son alter ego. L'amitié qui naît alors sera déterminante pour Bourvil, une complicité qui devient vite une osmose. Les deux hommes partagent la même conception de la chanson populaire : elle doit être drôle, pleine de verve, et en même temps sincère, émouvante, en bannissant toute méchanceté, toute agressivité, toute vulgarité. Ils vont bientôt s'y employer ensemble... Après sa démobilisation, de retour dans un Paris occupé, car il sait que décidément sa voie est là, c'est pour Bourvil le temps des petits boulots : plombier, laveur de carreaux, livreur (avec une voiture à bras), et enfin un poste stable, coursier pour une compagnie d'assurances, la Fiduciaire. On est encore loin de la grande illusion du music-hall. Il végète, partage à Clichy une chambrette minuscule avec un copain.

« Baladin, Baladin, de mes doigts vos chagrins comme ballons légers, vont bientôt s'envoler »

Et puis c'est le déclic, l'arrivée d'Etienne Lorin. Monté à Paris avec son accordéon, Etienne fait montre d'une débrouillardise qui épate son ami. Il le met sur tous les coups, l'entraîne avec lui dans tous les galas de banlieue avant qu'ils se fassent engager, en 1941, tous deux comme accordéonistes à l'ABC. Plus tard, ils se produisent chaque soir dans un de ces cabarets fréquentés par des soldats allemands et des trafiquants du marché noir. Mais André veut sortir de sa chrysalide, en finir avec le " Je serai Fernandel ou rien " de sa jeunesse cauchoise, cesser d'être uniquement " le Fernandel normand ". Il choisit définitivement le nom de Bourvil, étendard flamboyant de son bocage et de la paysannerie dont il est issu. Un soir de 1942, au casino Montparnasse, c'est sous ce nom qu'il présente un numéro de faux chanteur de charme

Portrait, 1946

« Non, je n'me souviens plus du nom du bal perdu »

qui déchaîne aussitôt l'hilarité et l'enthousiasme. Son costume de scène est tout trouvé, ce sera l'habit étriqué du mariage de son père, sorti de la naphtaline et assorti d'un béret informe. En découle son personnage de paysan endimanché, maladroit et faux naïf, mais attention... " pas si bête ! " — un leitmotiv qu'il se plaît lui-même à souligner.

En janvier 1943, il épouse Jeanne, qui l'attend depuis dix ans. Normalité, sérénité et sagesse d'un couple modèle. Jeanne, la discrète, y a bien sûr un rôle déterminant. Toujours jaloux de son intimité, soucieux de préserver sa vie privée, Bourvil ne l'a guère mise en avant, mais il n'a jamais disconvenu de l'importance de Jeanne. Celle qu'il a connue alors qu'il n'avait que seize ans, qui a eu la patience de l'attendre, restant chez ses parents une dizaine d'années, loin de lui, mais sans jamais cesser de le suivre à distance, de l'encourager, de le conforter par le bon sens de ses jugements. Jeanne l'a toujours soutenu, indéfectiblement.

Elle l'a toujours défendu alors même que les " autres " doutaient de la capacité de ce brave villageois à conquérir la capitale. Et quand André déprimait, quand il se mettait lui-même à douter, c'est elle, elle d'abord, qui le remettait en selle, lui redonnait courage, l'incitait à surmonter les échecs, à persévérer pour s'imposer enfin. Ah, elle dut se battre elle-même ! Et d'abord contre les siens, père et mère en tête, qui sympathisaient sans doute avec leur futur gendre, mais déploraient qu'il fût si peu sérieux, un saltimbanque pour tout dire, et se rongeaient les sangs pour l'avenir matériel de leur fille. Malgré tout cela, elle n'a jamais fléchi ! Voici donc Bourvil marié, établi, installé à Vincennes, 25 rue des Laitières, dans un très modeste appartement, vite baptisé " la boîte à sardines ".

Avec le concours d'Etienne qui compose la musique, il écrit les paroles de ses chansons, en commençant par des parodies de Tino Rossi. Puis, très vite, vient celle qui va le propulser au sommet : *Les Crayons*.

Elle vendait des cartes postales
Puis aussi des crayons
Car sa destinée fatale
C'était d'vendre des crayons
C'est ça qu'est triste !...

Bourvil la chante au Liberty's de la place Blanche ou chez Carrère, le cabaret chic de la rue Pierre Charron. C'est un triomphe. On le réclame partout, on veut l'engager à Bordeaux comme à Paris et à Bruxelles. Et tout ça coïncide avec l'euphorie de la Libération... Remarqué, il est sollicité par les gens de la radio, la magique TSF des temps héroïques ! Ces pionniers s'appellent Saint-Granier (" Sans tambour ni trompette "), Pierre Court et Francis Blanche (" Sans rime ni raison ") et surtout Jean-Jacques Vital, l'inventeur de " La Famille Duraton ", qui l'emmène sur les routes pour un tour de France de son " Pêle-Mêle " où, enfin, des foules considérables vont le découvrir.

Après un exil de quatre ans en Amérique Latine, Ray Ventura, le leader des " Collégiens ", a besoin d'un fantaisiste. Bruno Coquatrix lui recommande Bourvil. Lui est prêt pour toutes les aventures. Non seulement il chante, mais il fréquente Vincent Scotto (son parrain à la SACEM) et Ouvrard (*Je n'suis pas bien portant !*), ainsi qu'Édith Piaf, qui l'a fait engager en 1944 à " La Vie en rose ".

Homme de music-hall, il a tendance, comme la grande majorité des comédiens de théâtre, à considérer le cinéma comme la cinquième roue de son carrosse vers la gloire. Il a déjà oublié sa figuration éclair dans *Croisières sidérales* d'André Zwobada (1941), film de science-fiction fantaisiste, propre à distraire un public

« Elle vendait des cartes postales Puis aussi des crayons ! »

en proie aux rigueurs de l'Occupation. Et lorsqu'en 1945 le jeune producteur Robert Dorfmann, conquis par son numéro de music-hall à Bobino, lui propose d'apparaître dans son prochain film *La Ferme du pendu*, que réalise Jean Dréville, ce n'est pas pour un " vrai rôle " mais pour exploiter la popularité des *Crayons* et de leur interprète. Le cinéma français est alors coutumier du fait : quand un chanteur décroche un succès, on est sûr de le retrouver à l'écran, au besoin à la faveur d'une séquence ajoutée spécialement, sans aucun souci de vraisemblance. Ici, l'intervention de Bourvil n'a rien de déplacé puisque, dans son costume de scène, à la fin d'un banquet de noces de campagne, il se contente d'entonner les inévitables *Crayons*.

Au Théâtre des Champs-Élysées à Paris, 1948

« Un air de jeunesse, un air à danser Voilà ce qui reste Et c'est bien assez »

Après Dréville, ce sera à André Berthomieu de mettre véritablement la machine en marche. Celui qu'Henri Jeanson surnommait méchamment Berthopire ne mérite sans doute pas le mépris où il est tenu, puisqu'il a signé, en 1936, au moins un chef-d'œuvre : *Le Mort en fuite*, merveilleux festival Michel Simon et Jules Berry. Dix ans plus tard, en revanche, il semble décidé à justifier son sobriquet. *Pas si bête* est le titre emblématique de la comédie où il donne à Bourvil son rôle de paysan pataud, benêt en apparence mais plus astucieux qu'on ne le croit. À la suite d'un accident de voiture, ce nommé Léon Ménard (on reconnaît le patronyme du beau-père d'André Raimbourg) retrouve une cousine-amie d'enfance qui l'invite dans la villa de sa famille. Et Bourvil d'entonner *Pour sûr*, duo avec une fiancée sourde :

Pour sûr — qu'est-ce que tu dis ? —
J't'ai pas offert des fleurs
Pour sûr — qu'est-ce que tu dis ? —
Mais j't'ai montré mon cœur

Tout ça n'est pas bien malin mais qu'importe ! Qu'importe ce nanar ! Et qu'importe en réalité le cinéma, qui n'est pour lui qu'une occupation subsidiaire. L'essentiel à ses yeux, c'est la scène, c'est son show à l'ABC, c'est bientôt l'opérette de Bruno Coquatrix, *La Bonne hôtesse*, qu'il va jouer à l'Alhambra. Un spectacle kitsch s'il en fut : les tribulations d'un bellâtre incarné par André Claveau, dont Bourvil sera évidemment le domestique — premier d'une longue lignée de valets rigolards et autres larbins bouffons — avec une amusante inversion finale : les passagers de l'avion sautent en parachute sur une île déserte, avec une malle remplie de costumes de théâtre, ils les revêtent et acquièrent les fonctions de leurs habits. En Napoléon, Bourvil devient le chef de la petite bande ! Transposition inattendue de *L'île aux esclaves* de Marivaux, cette opérette n'a pas laissé un souvenir mémorable, la musique étant assez fade, si bien que Bourvil put s'en donner à cœur joie, ajoutant par-ci par-là des gags et mimiques à sa façon. Une habitude qu'il prend désormais sur scène, enrichissant régulièrement les spectacles dont il est partie prenante et qui, de soir en soir, à la faveur de ses improvisations, voient son rôle s'allonger en minutes.

L'aisance financière est enfin là, mais ne se traduit pas chez Bourvil par des folies, bien au contraire. Prudent, conforme en cela à son folklore régional, il place ses gains dans la terre, au bénéfice parfois de son frère Marcel. On a quelque scrupule à insister sur une générosité que lui-

Bruno Coquatrix au piano pendant la répétition de La Bonne hôtesse *à l'Alhambra, 1946*

même passait son temps à dissimuler. Cela va de la voiture dernier cri qu'il offre à son beau-père Joseph Ménard, au magnifique téléviseur couleurs dont il gratifie, pour mieux le remercier, le médecin de son frère. Cadeaux, largesses et services de toutes sortes jalonnent ainsi son chemin, que ce soit pour renflouer un cinéaste qui l'a beaucoup aidé ou pour permettre à un chauffeur de car sympathique de monter son affaire. Mais c'est aussi respecter sa volonté que de ne pas trop insister sur cette prodigalité proportionnelle à son sens de l'économie...

Auprès de ce labeur quotidien, le cinéma n'est qu'un divertissement comme il le fut depuis ses débuts pour la plupart des vedettes venues du théâtre. En 1947, Bourvil fait la connaissance de Gilles Grangier, autre cheville ouvrière du cinéma français, pour le film *Par la fenêtre*. Il y incarne le jeune normand Pilou, venu à Paris pour rechercher sa fiancée partie cinq ans plus tôt, et devenu peintre en bâtiment égrenant ses refrains : " *Tout n'est pas tellement beau, derrière mon p'tit pinceau...* " Suzy Delair joue la promise fantasque, qui s'avère avoir un sosie, d'où les quiproquos que l'on imagine. L'actrice, raconte Grangier, se rendit insupportable sur le tournage, " et cette espèce de grand cornichon de Bourvil se marrait comme un fou ". En tout cas, on ne s'ennuyait pas sur les plateaux de Boulogne-Billancourt ou d'Epinay-sur-Seine ! À l'écran comme sur les planches, Bourvil plaît. La nouvelle vedette retrouve rapidement Berthomieu pour *Blanc comme neige*. Comme d'habitude, ce sont les

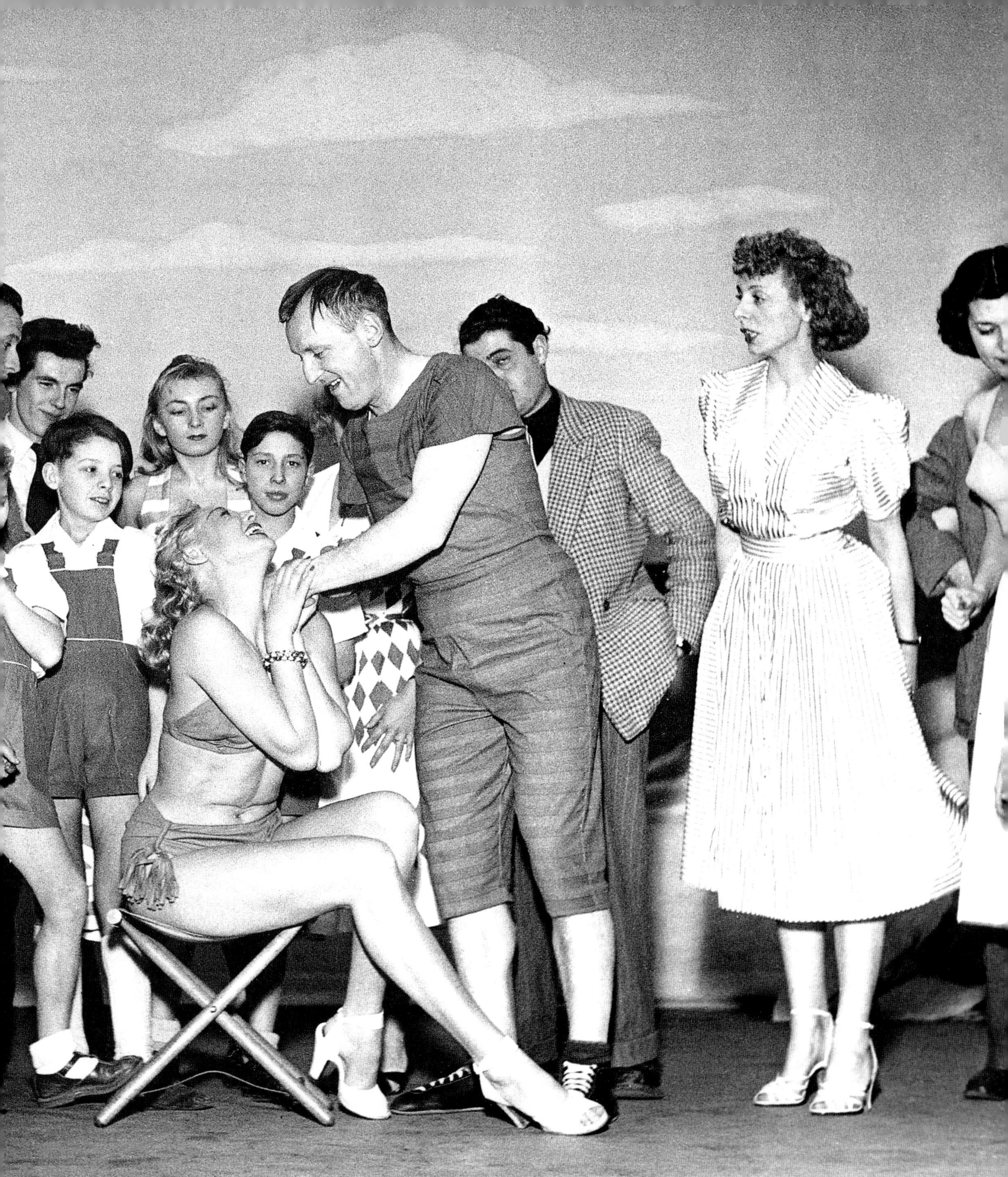

La nuit du cinéma, 1949

aventures d'un Normand à Paris ; il s'appelle de nouveau Léon Ménard et trouve une place de veilleur de nuit dans un hôtel grâce à un ami qui est en fait un truand. La chanson du film, *C'est l'piston*, sera un très grand succès de l'époque.

Qu'est-ce qui m'a donné l'âme d'un artiste ?
C'est l'piston !
Qu'est-ce qui m'a rendu toujours optimiste ?
C'est l'piston !

Pour Bourvil, c'est " l'piston " de la réussite. Avec Jeanne, ils quittent la " boîte à sardines " pour un appartement nettement plus spacieux, villa Niel, dans le XVIIe arrondissement. Au petit matin montent les effluves d'une boulangerie qui rappellent à André son premier emploi de mitron... Il est loin le temps des petits boulots ! Bourvil tient alors la vedette à l'Alhambra, avec *Le Maharadjah*, nouvelle opérette qui va encore plus loin que *La Bonne hôtesse*. Fort de sa popularité, André va multiplier ses participations. Il enchaîne avec un film de Berthomieu, troisième aventure de Léon Ménard : *Le Cœur sur la main*. Cette fois, le brave Léon vit à Yvetot, il est organiste et bedeau à l'église, et accordéoniste à la salle des fêtes... Chassé par le curé, il monte à Paris où il crée son orchestre, mais se fait gruger par une intrigante. Dans la foulée, les disques Columbia décidant de sortir un enregistrement des *Contes d'Hoffmann*, quelques petits rôles échoient à Bourvil qui chante ainsi avec les chœurs de l'Opéra-Comique. Un essai concluant, suivi par une pièce de Paul Nivoix, sans musique pour une fois : *Bouillant Achille*, jouée au théâtre des Variétés. Et puis c'est le quatrième et peut-être le plus croquignolet épisode de la " Léon Ménard story ", toujours avec Berthomieu, *Le Roi Pandore*. Devenu gendarme, Léon hérite d'une fortune fabuleuse mais continue à entonner ce refrain que toute la France va reprendre en chœur :

La ta-que-ta-que-ti-que du gendarme
C'est de bien observer sans se faire remarquer
La ta-que-ta-que-ti-que du gendarme
C'est d'avoir avant tout les yeux en face des trous

Aux yeux des cinéphiles, 1949 marque la première rencontre de Bourvil avec un cinéaste d'envergure, Henri-Georges Clouzot. *Miquette et sa mère*, nouvelle adaptation de la fameuse pièce de Flers et Caillavet, ne lui permet cependant pas de sortir de son emploi : en aristocrate à nœud papillon, marquis Urbain de la Tour-Mirande (!), il continue de jouer l'amoureux transi, bafouilleur, maladroit... en un mot ridicule. Surtout il a fort à faire pour s'imposer auprès de deux géants : Louis Jouvet, merveilleux cabotin Monchablon, et Saturnin Fabre,

« Des racines profondes me tiennent attaché... à la terre qui m'a vu naître un jour »

immense en châtelain, oncle d'Urbain, ne sont pas du gabarit à se laisser éclipser par un jeunot transfuge du music-hall et de la TSF !

Juste après ce tournage, il réalise un de ses rêves avec Jeanne, qui est enceinte : embarquer sur le *Queen Elizabeth* pour un voyage aux États-Unis et au Canada. Voyage de noces à retardement ? Expédition de travail, aussi. Cette tournée intitulée " La Revue du rire " est le rendez-vous de bons copains comme Jean Richard et Roger Pierre. Bourvil y fait aussi la connaissance d'un comique binoclard, le futur Darry Cowl. Hasard du destin, au même moment à New York, Édith Piaf est au " Versailles ". Venu l'applaudir incognito, André se voit prier par la " môme " de monter sur scène à ses côtés devant un public ébahi...

De retour en France, l'expérience Clouzot restant pour l'instant sans lendemain, Bourvil replonge vite dans le bain du bon vieux nanar tourné à la chaîne par des réalisateurs mineurs. Voici l'entrée en scène de Jean Boyer. À l'instar de Berthomieu, le frère de la chanteuse Lucienne Boyer est un de ces hommes à tout faire, un tâcheron sympathique qui ne laisse guère de souvenir dans l'histoire du cinéma à l'exception de son grandiose *Circonstances atténuantes*, avec Michel Simon et Arletty, dont la chanson *Comme de bien entendu* (écrite par lui) reste dans toutes les mémoires.

Avec sa femme, pour Le Maharadjah *à l'Alhambra*

Avec *Le Rosier de Madame Husson* de Jean Boyer, d'après Maupassant, Bourvil marche sur les traces de son idole, Fernandel, qui a joué le rôle d'Isidore en 1931 sous la direction de Bernard Deschamps. L'adaptation est signée Marcel Pagnol et la partenaire de Bourvil n'est autre que la femme de celui-ci, Jacqueline. L'action est située à Gisors, en Normandie bien sûr, où les dames patronnesses veulent décerner un prix à la jeune fille la plus méritante, la " Rosière ". Mais voilà, aucune ne trouve grâce à leurs yeux. En lieu et place de rosière, ce sera donc un rosier ! À savoir Isidore, l'idiot du village (qui, en fin de compte, s'avérera moins nigaud qu'il n'y paraissait). Bref, le schéma bourvilien est en place. Le début du tournage est marqué par la naissance de son fils Dominique, le 28 avril 1950. Bonheur paisible, loin de la curiosité des chasseurs de scoops. La chanson du film, *Le Grand dindon blanc*, sort aussitôt en disque. La discographie de Bourvil s'étoffe d'ailleurs régulièrement, à la fois des airs extraits des opérettes qu'il interprète, de chansons humoristiques ou tendres, mais aussi des monologues.

« L'alcool non ! L'eau ferrugineuse, Oui ! »

En 1951, c'est l'inoubliable *Causerie antialcoolique*, modèle et prototype du genre. Ce sketch, écrit à sa demande par Roger Pierre qui avait déjà composé pour Jean Richard sur le même thème, est une transposition hilarante des *Méfaits du tabac* de Tchekhov mais à la Bourvil... L'immortel " L'alcool non, l'eau ferrugineuse oui ! " résonnera longtemps comme un mot d'ordre, et son influence se prolongera jusqu'à Coluche. C'est encore Roger Pierre, toujours à la demande de Bourvil, qui lui écrira la fameuse chanson de fin de banquet, du genre à reprendre en chœur, *À Joinville-le-Pont* (Pon-Pon!)... dont il donnera plus tard sa propre interprétation avec son ami Jean-Marc Thibaut. En privé ou en petit comité, Bourvil est un grand amateur de gauloiserie. Il égaie les tournages de ses histoires salaces, dont il entretient un réservoir inépuisable. " Je suis grivois, avoue-t-il en 1968 dans *France-Soir*. J'aime bien les plaisanteries gauloises, je ne suis pas Français pour rien, mais je suis toujours très poli avec les gens. " C'est une des raisons pour lesquelles il ne fréquentera jamais trop la télévision, puisqu'il ne pourrait y raconter ses blagues osées et que, du coup, il ne saurait quoi dire !

Au cinéma, c'est ensuite, toujours de Jean Boyer, *Garou-Garou le Passe-muraille*, une assez mauvaise adaptation, mièvre et édulcorée, du *Passe-muraille* de Marcel Aymé. La collaboration de Michel Audiard, dont c'est seulement le deuxième film comme scénariste-dialoguiste, ne suffit pas à

« Il est vrai qu' dans ces cas-là, c'est bien mieux quand on ne parle pas »

sauver le film, qui suscite l'ire du romancier, lequel en attribue une lourde responsabilité à Bourvil. On ne s'étonnera pas qu'il veuille ensuite empêcher Autant-Lara de l'engager pour *La Traversée de Paris*, mais c'est une autre affaire... Pour la petite histoire immédiate, on notera la rencontre, dans un rôle secondaire, d'un comédien nommé Gérard Oury. Avec Bourvil, ils se retrouveront...

Le tournage est suivi d'un nouveau déménagement, signe d'une progression dans l'échelle sociale : André et Jeanne s'installent avec leur fils au 18, rue Jean-Goujon, dans le VIIIe arrondissement. Sous la direction de Jean Boyer, il y eut encore *Le Trou normand*, qui se traduit par une rencontre aussi étonnante que celle " d'une machine à coudre et d'un parapluie sur une table de dissection " comme auraient dit les surréalistes : celle de Bourvil et de la débutante Brigitte Bardot. Histoire classique d'un benêt amoureux d'une jolie sotte... À dix-huit ans, la future B.B. subit les quolibets du metteur en scène agacé par ses maladresses de néophyte. Bourvil se retrouve entre l'enclume et le marteau. Ainsi, lors de la scène de la gifle, il n'est pas évident pour notre acteur de souffleter une si jolie et jeune partenaire. Alors, Bourvil se retient, la gratifie d'une tape nettement insuffisante aux yeux de Boyer. Il faudra recommencer sept fois, et au bout de la septième prise, sur une gifle enfin convaincante, Brigitte fondra en larmes ! Au final, un inoffensif film mais incontestable navet, dont le seul intérêt reste un documentaire. Par fidélité envers Jean Boyer, homme délicieux à la ville, Bourvil fera encore une apparition surprise dans son dérisoire *Cent francs par seconde*, consacré au fameux jeu radiophonique de Jean-Jacques Vital, qui fait alors les beaux soirs de Radio Luxembourg. L'animateur, pour plus de sûreté, a écrit le scénario et joue son propre rôle, de même que Bourvil et quelques autres artistes en vogue comme Ray Ventura et l'ineffable " Monsieur Champagne ". Autant dire qu'il s'agit d'un document historique !

Le Trou normand *de Jean Boyer, 1952*

Mais il n'y a pas que cette avalanche de gentilles niaiseries. Car entre-temps Bourvil a tourné un film plus ambitieux, réalisé par Hervé Bromberger : *Seul dans Paris*. Il y est un jeune Normand (forcément !) en voyage de noces à Paris avec son épouse Magali Noël (qui ne chante pas encore le " Fais-moi mal Johnny " de Boris Vian). Ces innocents tentent de prendre le métro et sont séparés par le portillon et la foule aveugle qui s'écoule... On ne dira jamais assez les dangers de la capitale ! À la veille du 14 juillet, Henri va donc chercher sa Jeannette. Il ne la

retrouvera que le lendemain matin, un peu moins naïve, métarmorphosée par une brève expérience amoureuse. Mais que peut faire Henri, sinon pardonner à la pécheresse repentante ? Ne nous moquons pas : malgré les clichés qui l'encombrent, le film recèle un ton grave, une sincérité, et pour notre Bourvil quelque chose comme les prémisses de ce que seront ses meilleurs rôles, avec une alliance bien dosé de grimaces et de tendresse, de pitreries et d'émotion. Et surtout le scénario est du jeune Alex Joffé, qui se lancera bientôt dans la réalisation et sera, en des temps meilleurs, un des auteurs de prédilection de Bourvil.

« Alors profite de ta gaieté, De tes folies Des jeunes années, Tu auras bien le temps après pour le reste »

En attendant, Bourvil n'a pas le moral. Il part en tournée et les salles ne sont pas pleines, quand on ne le siffle pas comme à Rouen, où la bourgeoisie locale regarde de haut ses " paysanneries ". Il est donc au creux de la vague lorsque le grand crooner de l'époque, Georges Guétary, lui propose de faire équipe dans une opérette de Raymond Vincy et Francis Lopez. C'est ainsi qu'en 1952 commence à l'ABC la folle aventure de *La Route fleurie*, dont le grand tube résonne encore dans les oreilles.

C'est la vie de bohème
La vie sans façon,
La vie de pa-ta-pa-ta-patachon
C'est la vie que l'on aime
Quand on a vingt ans
Et que nous menons plus longtemps

Georges Guétary, le jeune premier, est en haut de l'affiche tandis que l'on découvre une petite débutante belge pleine d'entrain et de fantaisie, Annie Cordy. À la surprise générale, du public comme de la critique, de la troupe comme de la direction du music-hall, c'est un triomphe — qui durera sept ans, en comptant les tournées en province ! Faire-valoir de Guétary, Bourvil lui vole la vedette en multipliant et en enrichissant petit à petit les intermèdes comiques. Le chanteur à la voix de velours ne s'y trompe pas, proclamant urbi et orbi " Faut-il qu'il soit génial pour faire croire au public qu'il est bête ! " Ce qui n'empêche que le crooner, en application d'un contrat assez mal négocié, continue à gagner sept fois plus que lui.

Seul dans Paris *avec Magali Noël*

Beau joueur, Bourvil ne s'en plaint pas outre mesure et, pince-sans-rire, raconte à qui veut l'entendre l'anecdote des fans : après la représentation, tous se pressent autour de Georges pour lui demander pieusement son autographe, puis se retournent vers lui et, avec une grande bourrade dans le dos, se paient sa tête en le tutoyant. Cette période que Bourvil décrira souvent comme " la plus heureuse de sa vie " est couronnée, le 18 mars 1953, par la naissance de son deuxième fils, Philippe. En même temps, au référendum organisé par Radio-Luxembourg, il est classé premier des comiques populaires français, avant l'Auvergnat Fernand Raynaud, distançant Robert Rocca, Fernandel et Robert Lamoureux...

Dès lors, il va devenir un stakhanoviste de l'opérette. C'est donc une vedette, déjà, que se disputent les producteurs et les cinéastes, mais toujours pour lui offrir, systématiquement, le rôle du rigolo de service. André Hunebelle, avec *Les Trois Mousquetaires*, prend la suite de l'opérette puisque Bourvil est à la fois le bouffon et... le second ! Car s'il a réussi à s'imposer, à retourner des salles entières guettant la pitrerie qu'il allait improviser, il ne faut pas se dissimuler que dans le livret de *La Route fleurie* comme par la disproportion de leurs cachets, Bourvil vient après Georges Guétary. Aussi viendra-t-il, chez Alexandre Dumas, après les mousquetaires eux-mêmes, après D'Artagnan (Georges Marchal) dont il est, inévitablement, le valet. Voici donc Planchet, serviteur et factotum, à la fois indispensable et subalterne. C'est pourtant un rôle qu'il va gonfler à plaisir, avec la complicité d'un Audiard qui s'en donne à cœur joie dès

Au Gala de l'Union des artistes, 1954

« C'est la vie de bohème, la vie sans façon,
La vie de garçon, la vie de pata-patachon »

qu'il s'agit de faire parler un homme du peuple. Le courage, l'intrépidité, le panache, c'est bon pour les quatre bellâtres. Au brave Planchet l'astuce goguenarde, les bonnes farces jouées aux gardes du Cardinal, la pittoresque chasse aux provisions de bouche... Plus tard, le bon Jean Carmet reprendra le rôle et ce n'est pas un hasard : comme le Caussois, le Tourangeau a le sens du terroir, une connaissance aguerrie des ficelles du métier, un instinct sûr du système D. Planchet, c'est nous ! Chœur antique au cœur de l'aventure en ce siècle de Louis XIII, dans un Paris dont l'esprit est resté le nôtre.

Avec toute sa finesse et sa perspicacité, Sacha Guitry, ayant besoin d'un type populaire pour la dernière séquence de *Si Versailles m'était conté*, pense tout naturellement à Bourvil. Et celui-ci est idéal en guide philosophe du château du Roi-Soleil. Le maître avait lui aussi, on le sait bien, une âme de midinette propre à admirer l'Histoire à travers les rois, les reines et leurs fastes. Bref, vue par les yeux d'un Bourvil. Habitué des soirées parisiennes, il le recruta assurément pour l'avoir vu sur scène. Adorant les amuseurs à succès, il récidivera plus tard en faisant jouer Darry Cowl, puis Poiret et Serrault, parce qu'ils avaient su le divertir au music-hall. En attendant, Planchet avait plu et Bourvil savourait sa première gloire cinématographique.

« Gais et contents Nous marchions triomphants »

André Hunebelle, qui n'a jamais manqué d'exploiter une recette qui marche, voulut continuer dans le film d'aventures historiques à costumes. Pour rester bon enfant, après *Les Mousquetaires*, ce fut *Cadet Rousselle*. Une chanson traditionnelle construite sur le chiffre 3 suffit à esquisser un scénario autour de ce héros sympathique qui réussit quelques faits d'armes attribués à d'autres, finissant par s'attirer les faveurs de Napoléon. Fernandel est pressenti par Hunebelle pour être Cadet Rousselle, ce qui aurait permis à Bourvil d'être bien plus vite le partenaire de son glorieux et respecté aîné (ce qui ne se produira pas avant 1963). C'est finalement François Périer qui hérite du rôle-titre, choix assez inattendu qui entraîne d'ailleurs une importante réécriture du scénario. Quant à Bourvil, il sera Jérôme le Bohémien, l'ami mais aussi le valet de Cadet. Bref, il se cantonne dans le faire-valoir et reprend sans grande modification le rôle de Planchet qui a tant plu... surtout à André Hunebelle lui-même.

Suit, en 1954, le gentillet *Poisson d'avril* (ou *Pêche interdite*) de Gilles Grangier. En vedette ! Il n'est pas interdit de voir un documentaire sur les années 50 dans l'histoire de ce brave mécanicien parigot qui achète une canne à pêche avec l'argent destiné à la machine à laver dont rêvait sa femme. Ce *Poisson d'avril* prend l'allure d'un film carrefour. Les dialogues sont

Avec Annie Cordy au Carnaval de Nice

69 W 06

« Si tu le veux tantôt Nous irons à Vincennes Dîner au bord de l'eau »

d'Audiard, et il y a un phénoménal acteur clownesque, avec qui André sympathise aussitôt : Louis De Funès, assigné au rôle du garde-champêtre irascible traquant le gentil pêcheur (à l'inverse du *Ni vu ni connu* d'Yves Robert, où il est braconnier). Mais De Funès a seulement quatre jours de tournage, pas de quoi approfondir cette amitié naissante. Bon camarade, Bourvil a imposé sur ce film Annie Cordy, sa partenaire de *La Route fleurie*, ce qui prête à une malheureuse erreur de distribution. Car s'il est bien dans son rôle habituel, un peu mollasson, limite niais, Annie la pétulante aurait dû jouer la fantasque cousine Annette qui le détourne du droit chemin, et non l'épouse popote et trouble-fête. En chantant pour ce film *Aragon et Castille*, une chanson signée Robert Lapointe, futur Boby Lapointe, la fausse chanson idiote par excellence, Bourvil démontre qu'il peut aussi jouer sur le second degré. Il revient au premier plan avec *Le Fil à la patte*, d'après le vaudeville de Feydeau, film taillé sur mesure pour et par Noël-Noël, qui a " adapté " les dialogues en s'efforçant d'atténuer " cette forme cruelle de comique ", c'est-à-dire en tombant à pieds joints dans le contresens. Le canevas du *Fil à la patte* est tout simple : s'apprêtant à faire un brillant mariage, un don juan mondain doit rompre avec sa maîtresse, une " cocotte " chanteuse au music-hall. Survient, au beau milieu des allées et venues de l'habituel tourbillon vaudevillesque, un personnage de gaffeur, de raseur gluant, bref une formidable invention de Feydeau. Rond-de-cuir de son état, ce Bouzin écrit des chansonnettes à ses moments perdus et vient, naturellement, proposer à la vedette ses ridicules refrains. C'est un personnage en or pour Bourvil comme pour tout acteur inventif.

On s'en apercevra d'ailleurs lorsque Robert Hirsch, dans les années 60, reprendra le rôle sur la scène de la Comédie-Française, version volcanique et burlesque, le transformant en pantin désarticulé à la Jerry Lewis, en gaffeur digne de l'inspecteur Clouseau de Peter Sellers. Mais Hirsch aura toute latitude pour triturer ce pauvre Bouzin et l'étirer jusqu'au délire ! Bourvil n'a pas cette liberté dans

Bourvil chez lui, place des Ternes à Paris, 1950.

« Quand on est papa, Il faut souvent Pour plaire aux enfants Être dans le vent... »

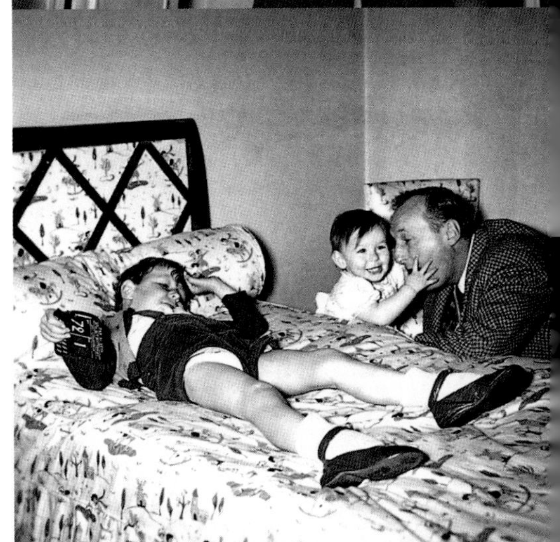

un film voué au vedettariat de Noël-Noël ; il est bien forcé de s'en tenir au nigaud lambda, au fâcheux de tradition, et s'acquitte avec une honnête gaieté de cet emploi. En outre, il lui aurait fallu un peu de méchanceté pour ainsi maltraiter l'infortuné Bouzin !

C'est alors que le temps des faire-valoir semble toucher à sa fin. Bourvil est sollicité par Alex Joffé, qu'il a apprécié comme scénariste à l'époque de *Seul dans Paris*. Il s'agit de tourner une version cinéma des *Hussards*, une pièce de Pierre-Aristide Bréal que vient de représenter triomphalement la Compagnie Jacques Fabbri. Pendant la campagne d'Italie, deux grognards de Bonaparte, ayant perdu leurs chevaux et redoutant une punition, incriminent l'intervention de francs-tireurs, risquant d'entraîner de sévères représailles à l'encontre de paisibles villageois... Ces deux hussards, très Français moyens, étaient incarnés à la scène par Fabbri lui-même et André Gille. Au cinéma, il fallait trouver des vedettes connues. Ils furent donc remplacés par Bourvil et Bernard Blier, dont les noms apparaissent à égalité sur l'affiche. Pas question que l'un serve la soupe à l'autre. Le film, sans passer inaperçu, n'a pas été jugé à sa juste valeur, ni à sa juste place dans l'itinéraire de notre acteur. Et le tournage ne fut pas rose. Selon des témoins présents sur le plateau, Bernard Blier aurait cherché à tirer la caméra à lui comme d'autres la couverture. La mésentente s'est installée insidieusement entre les deux partenaires, le résultat s'en ressent : leur tandem est boiteux.

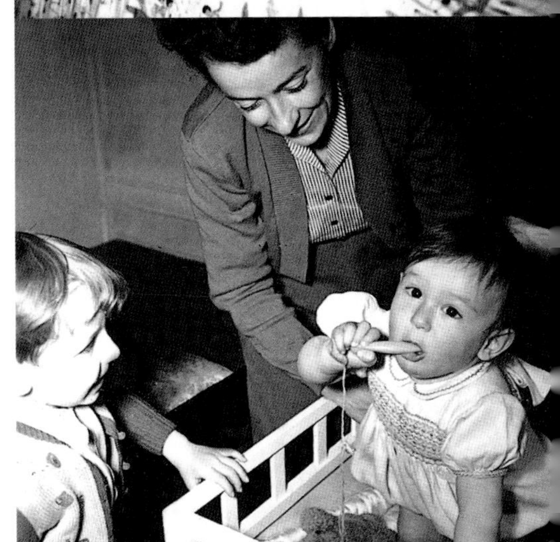

Après des vacances bien méritées, la famille Raimbourg s'installe boulevard Suchet, face au bois de Boulogne, dans le XVIe arrondissement. L'ultime consécration ! En même temps, Bourvil s'achète à Montainville, dans les Yvelines, une résidence secondaire, un pavillon " moderne " digne de la maison de M. Arpel dans *Mon Oncle* de Jacques Tati. Elle sera jusqu'au bout son port d'attache...

La route fleurie

Tout va changer cependant pour Bourvil, et ce ne sera pas sous la houlette du gentil Alex Joffé, mais sous la poigne de fer de Claude Autant-Lara, pilier du cinéma français depuis les années 30, qui fait équipe avec une brillante paire de scénaristes-dialoguistes, stars de la profession, les fameux Aurenche et Bost. L'auteur de *L'Auberge rouge* et du *Diable au corps* a décidé de porter à l'écran *La Traversée de Paris* de Marcel Aymé. Pour incarner le minable et pathétique Marcel Martin, il veut Bourvil.

Pourtant, il s'en est fallu de peu que celui-ci ne fût jamais cette petite main du marché noir, ce porteur de valises contenant les morceaux d'un cochon fraîchement dépecé, tel que l'avait imaginé le romancier. D'abord parce que le producteur Deutschmeister, vivant sur des idées reçues comme la plupart de ses semblables, ne voulait pas entendre parler d'un acteur comique dans ce qui était malgré tout une satire virulente et une tragédie noire. L'obstination d'Autant-Lara, encore fréquentable mais déjà teigneux, l'emporta à la faveur d'un ultime marchandage : faute d'un budget suffisant, il se résignait à tourner en noir et blanc à condition que Deutschmeister se rallie au choix de Bourvil. Ensuite parce que Marcel Aymé, échaudé par l'adaptation peu convaincante de son *Passe-muraille*, n'avait pas davantage confiance en Bourvil. Il ne tarda pas, sitôt qu'Autant-Lara eut annoncé son projet à la presse, à exprimer ses réticences, voire son opposition farouche au choix de ce clown, dans une lettre personnelle au cinéaste qui est restée célèbre. " Une fois déjà, on avait choisi Bourvil contre mon gré dans *Le Passe-muraille*. Vous savez aussi bien que moi qu'il est à l'opposé du rôle. J'entends bien qu'il s'agit maintenant de faire commercial à tout prix et de tourner la chose en grosse guignolade, mais je ne crois même pas que ce soit là un bon calcul. Bourvil pourra y aller de toutes ses bonnes ficelles dans le rôle de Martin. Il ne sera qu'insignifiant. "

On connaît le résultat. Inattendu, le tandem Gabin-Bourvil s'avère d'emblée comme un des plus forts que le cinéma français ait connu. Une véritable osmose. Il faut dire que dès les premiers jours de tournage, l'entente avec Gabin est parfaite. Les deux hommes, qui se vouvoient, redoublent de complicité et de taquineries verbales — comme le jour où le " Vieux " a ce mot, caressant la veste de tweed d'un Bourvil gagné au fil des ans par l'élégance : " On ne boit pas, mais on s'habille... " Tous deux sont engagés à fond dans le projet et font entière confiance à Autant-Lara. Sans doute la conscience de travailler à quelque chose qui peut devenir un chef-d'œuvre... À tel point que, lorsque Deutschmeister se débat dans des problèmes d'in-

tendance et menace de tout arrêter, ils expriment leur ferme intention de prendre la production en main. Ce ne sera pas utile, mais le geste était sérieux.

Le portrait de Marcel Martin, qui reste aujourd'hui encore le meilleur rôle de Bourvil, est d'une rare complexité. À la fois M. Tout-le-Monde, homme du peuple vantard mais en réalité falot et couard, masochiste de l'humiliation, adepte du système D et secrètement révolté contre la désinvolture des Grandgil qui, eux, appartiennent à une autre classe et n'ont pas les mêmes

Avec Jean Gabin, aux studios de Boulogne, 1958

soucis du matériel, Martin accumule un monceau de mesquineries, mais aussi de quotidien vécu, de misère... Face à lui, Jean Gabin est parfaitement inattendu dans un rôle d'artiste, d'intello, mais qui a gardé sa carrure de prolo — ce qui rend crédible le malentendu que commet Bourvil au début en le jugeant " honnête ", ou comme les autres en tout cas. Entre les deux hommes, les deux comédiens, un balancier subtil règle le rythme de *La Traversée de Paris*.

Rarement l'exploitation de l'homme par l'homme, dans la réalité concrète des rapports de force qui fondent la lutte des classes, fut aussi bien montrée au cinéma. Pour André Raimbourg, c'est la gloire. Marcel Martin représente sa reconnaissance internationale, qui se concrétise par la coupe Volpi du prix d'interprétation remise en grande pompe au festival de Venise. Le comédien proteste, car sa modestie naturelle souffre. Quoi ! Il était sur *La Traversée de Paris* à égalité avec Gabin, qui n'a rien eu !

« Quand on est artiste, il faut faire tous les genres »

Forcément, on était habitué à la perfection gabinienne, tandis que le choix audacieux d'Autant-Lara pour le personnage de Martin misait sur la découverte, la surprise, la révélation d'un " grand tempérament d'acteur ".

Un succès ne venant jamais seul, Bourvil chanteur est bientôt acclamé dans un registre qui n'était pas habituellement le sien, la chanson douce. La fameuse *Ballade irlandaise* (" Un oranger sur le sol irlandais, on ne le verra jamais... ") est un énorme tube en 1957. Deux ans plus tard, toujours du côté de la tendresse, il récidive avec *Salade de fruit*. Puis il assume une des inter-

« Salade de fruits, Jolie, jolie, jolie, Tu plais à mon père, Tu plais à ma mère »

prétations les plus populaires de l'extraordinaire, du cryptosurréaliste *Clair de lune à Maubeuge* du chauffeur de taxi et star d'une saison, (et d'une chanson) Pierre Perrin...

Tout ça n'vaut pas
Un clair de lune à Maubeuge
Tout ça n'vaut pas
Le gai soleil de Tourcoing
Tout ça n'vaut pas
Une croisière sur la Meuse
Tout ça n'vaut pas
Des vacances au Kremlin... Bicêtre !

Bourvil reviendra à la douceur avec des titres comme *La tendresse*, en 1963, une très jolie ballade également interprétée par... Marie Laforêt ! Et plus tard, en 1966, avec un *C'était bien* au si nostalgique refrain :

Non, je ne me souviens plus du nom du bal perdu....
Ce dont je me souviens c'est de ces amoureux
Qui ne regardaient rien autour d'eux...

Un interprète sensible et nuancé est donc né, qui poursuit une carrière parallèle à celle du cinéma. Pour celle-ci, incontestablement, le rôle de *La Traversée de Paris* et sa prestigieuse récompense ont constitué un grand tournant pour Bourvil. Dès lors, il aurait pu changer délibérément de cap. Alterner, éventuellement, les comédies et les drames, en bannissant le nanar, si sympa fût-il.

Au lieu de cela, et on peut y voir une démarche symbolique, il va passer directement de *La Traversée de Paris* au *Chanteur de Mexico*, transposition d'une opérette représentée sur les planches du Châtelet. " Mexico ! Mexiiiiiiiiiiiiiiiiii... co ! " Ce cri de joie et de triomphe a fait florès. Dans les années 50, c'est un tube qui est sur toutes les ondes tandis que l'opérette de Félix Gandera et Raymond Vincy triomphe avec Luis Mariano, plusieurs saisons durant. Le schéma en est plutôt banal : un chanteur mexicain se découvre un sosie au pays. Luis se dédouble et Bourvil joue le rôle de son copain Bilou, que tenait à la scène Pierjac, dont la notoriété n'est pas suffisante pour les producteurs. Annie Cordy, elle, reprend le rôle de Cri-Cri, abandonné par la belle Lilo qui est partie tenter sa chance aux États-Unis. On tourne à Irun, pays natal de Mariano. Ambiance de vacances, après le sombre et pluvieux décor de *La Traversée de Paris*. *Le Chanteur de Mexico* est une opérette filmée, assez fade, voire niaiseuse, évidemment destinée aux foules de spectateurs qui se pressaient à *La Route fleurie*.

PARIS-MEXICO
SPÉCIAL

« Depuis le plus tendre des âges
Par monts et par vaux,
Je voyage »

On peut y voir, de la part de Bourvil, une réaction de respect envers ce public simple et chaleureux auquel il doit tout... Mais aussi une prudence évoquant le Normand folklorique qui refusera toujours de mettre " tous ses œufs dans le même panier ".

Les années qui suivent verront la coexistence de Raimbourg Jekyll et Bourvil Hyde. Quand Jean-Paul Le Chanois l'engage en 1957 pour *Les Misérables*, c'est à la surprise générale pour le rôle de l'immonde Thénardier. Mais on saisit vite le lien avec *La Traversée de Paris*. D'autant que c'est Gabin lui-même, interprète de Jean Valjean et proche de Le Chanois, qui a chaudement suggéré à celui-ci le choix de son partenaire de *La Traversée de Paris*, pressentant le parti

qu'il pourrait tirer de ce contre-emploi hardi. Mais si son prédécesseur Charles Dullin, le Thénardier de la version Raymond Bernard d'avant-guerre, l'avait joué carrément odieux, le bon André ne peut s'y résoudre. Pour lui, on ne peut pas être si méchant, si monolithique ; il trouve des excuses à la vilenie du gredin : il est veule, d'accord, mais c'est la faute à la misère.

Avec *Le Miroir à deux faces*, André Cayatte va encore plus loin, en offrant à Bourvil le rôle d'un meurtrier — ou du moins, un homme ulcéré, amené à tuer celui qu'il considère comme responsable de tous ses malheurs. Un pauvre type en tout cas, mari égoïste et aigri d'une jeune

Avec Annie Cordy et Luis Mariano dans Le Chanteur de Mexico

Avec Michèle Morgan, dans Le Miroir à deux faces, *1957*

femme qu'il a choisie à cause de sa laideur et qui, à la suite d'une opération de chirurgie esthétique, devient magnifique. D'emblée, Michèle Morgan est réticente, elle ne se sent pas d'atomes crochus avec ce partenaire inattendu. Cayatte devra défendre son choix bec et ongles face aux producteurs qui soutiennent la vedette. Celle-ci changera vite son fusil d'épaule, car Bourvil se surpasse en minable souffrant... Et sa performance lui vaudra ce suprême compliment de Jean Dutourd : " Peut-être le plus grand acteur français contemporain. " De quoi encourager l'artisan modeste, si peu sûr de lui qu'il persiste dans la chansonnette et l'opérette.

Nous sommes en 1958. Tandis que de Gaulle revient et que la France change de République, Bourvil fait une rencontre qui va compter pour lui et pour sa carrière. Assistant à une comédie de Michel André, *Virginie*, il découvre une jeune actrice méridionale que Marcel Pagnol a lancée en lui donnant au théâtre le rôle de Fanny lors d'une reprise de *Marius*. Elle s'appelle Pierrette Bruno. Il lui téléphone aussitôt, l'incite à chanter et la fait engager dans l'opérette

**« Tout ça n'vaut pas
Une croisière sur la Meuse
Tout ça n'vaut pas
Des vacances au Kremlin...
Bicêtre ! »**

Pacifico qu'il prépare avec Jean-Jacques Vital à La Porte Saint-Martin et dont il doit partager la vedette avec Guétary, comme dans l'inoubliable *Route fleurie*. La contribution de Pierrette Bruno culmine avec un duo intitulé *Je t'aime bien*, sur ces paroles immortelles :

Oh ! Casimir !
Oh ! Capucine !

Pacifico tient trois saisons, mais ce n'est qu'un début. Quant à Pierrette, elle va devenir sa partenaire de prédilection. Ils se retrouveront sur bien des plateaux de cinéma et planches de music-hall, sans oublier les studios d'enregistrement pour de nombreux disques, dont le premier (un super 45 tours réunissant les titres *Vraiment ça tombe bien*, *Ah c'que t'es bête*, *Mimile*, *Alors qu'est-ce qu'on fait ?*) est un succès immédiat. Dans la foulée, réalisée par Richard Pottier, *Sérénade au Texas* est une comédie musicale gentiment nulle où Bourvil incarne un notaire de Honfleur qui apporte à un brave garçon de Bayonne (Luis Mariano) l'héritage fabuleux d'un grand sachem indien. La musique est de Francis Lopez, le budget léger, on oublie aussitôt.

Heureusement, l'acteur enchaîne très vite avec le surprenant *Drôle de dimanche* de Marc Allégret. Comme dans *Le Miroir à deux faces*, le voilà en mari médiocre, rongé par la jalousie, conjoint cette fois de Danielle Darrieux. Il a épousé cette petite pharmacienne dans l'enthousiasme de la Libération, mais elle a vite pris ses jambes à son cou avec, forcément, le meilleur ami de son mari (Roger Hanin). Ayant retrouvé la trace de l'infidèle, l'infortuné cherche à se venger lors d'un week-end au bord de l'eau. Tout l'intérêt du scénario de Serge de Boissac commence là : Bourvil échafaude un plan machiavélique pour faire croire à Darrieux qu'il est devenu riche, avant de l'assassiner d'un coup de revolver... Va-t-on basculer dans la tragédie antique ? Non, car la farce est toujours proche ; le vengeur trébuche, tombe à l'eau, se ridiculise ! Pour l'anecdote, Bourvil rencontre là le tout jeune Jean-Paul Belmondo, son futur partenaire du *Cerveau*, en trompettiste amoureux.

Puis c'est le retour à Marcel Aymé avec *Le Chemin des écoliers*, situé encore sous l'Occupation, et qui d'une certaine manière est plus noir encore que *La Traversée*. Bourvil y joue le père du lycéen Alain Delon, compromis dans de louches trafics avec son copain Brialy. *Pater familias* confit d'hypocrisie, c'est un bourgeois qui se veut donneur de leçons mais dont la morale va s'avérer aussi élastique que celle des autres. Aurenche et Bost sont aux commandes des dialogues comme dans *La Traversée*, mais à la place du venimeux Autant-Lara il n'y a que l'aimable, mais souvent insignifiant, Michel Boisrond. Celui-ci ne tire pas tout le parti possible de cette déconfiture d'un homme bardé de certitudes et qui va les voir s'écrouler une à une. Notons que le film édulcore sensiblement le récit de Marcel Aymé, qui voyait le bon père de famille capituler et renoncer à sa morale...

Bourvil a-t-il senti que le metteur en scène primait tout ? Il enchaîne avec un autre Marcel Aymé, *La Jument verte*, mais en retournant cette fois à Autant-Lara. La préparation et le tournage du film s'accompagnent d'un effort de promotion que le cinéaste, roublard comme pas deux,

SEYE ne pourra
courir le 100 metres
Visitez Rome
France-soir
UN BOMBARDIER

nourrit de rumeurs et d'escarmouches avec une censure effectivement imbécile. La provocation portera d'ailleurs ses fruits, puisqu'à sa sortie le film sera condamné par l'Église catholique qui le juge " libidineux et diffamatoire à l'égard du monde paysan ". Un membre du conseil d'administration de la Gaumont ira jusqu'à démissionner. Tant et si bien que Bourvil se trouve entraîné dans une affaire qui ne correspond guère à son image inoffensive, accoutumée à la satire bénigne. Mais l'énorme succès du film le convainc aussitôt qu'il avait raison de rompre avec la routine de son personnage. Qu'on ne s'attende pas à une farce paysanne banale. Opposant les Haudouin et les Maloret, deux familles de fermiers irréconciliables depuis un épisode de la guerre de 1870, cette histoire d'honneur mal placé, de rivalités campagnardes et de vendetta égrillarde va transformer le brave Bourvil en vengeur et en " violeur ", le tout sous l'œil souriant d'une jument à robe verte représentée par un peintre naïf. Or si les ingrédients sont réunis — Aurenche et Bost à l'adaptation, Francis Blanche et Achille Zavatta parmi les acteurs, la voluptueuse débutante Valérie Lagrange —, en fin de compte la mayonnaise ne prend pas. Autant-Lara patauge dans la pantalonnade. On est loin du savoureux roman, et Bourvil n'est manifestement pas à l'aise dans le rôle de ce riche fermier obsédé par sa mission vengeresse. La complicité avec Autant-Lara s'effrite...

« Le travail est nécessaire
Mais s'il faut rester
Des semaines sans rien faire
Eh bien... on s'y fait »

Mais la fidélité pour André Bourvil n'est pas un vain mot, et elle joue, comme le veut l'incantatoire formule, " pour le meilleur et pour le pire ". Avec André Hunebelle, ce serait plutôt pour le moyen. Or, après des *Trois mousquetaires* un peu poussifs et un médiocre *Cadet Rousselle*, Hunebelle entre en état de grâce quand il se met à tourner, en Scope, une adaptation du roman de Paul Féval *Le Bossu*. Du coup, il invente un nouveau tandem : Bourvil seconde Jean Marais dans le rôle de Passepoil. Tandis que l'infatigable Jeannot ferraille, bondit, galope, se grime en boursicoteur bossu sous la Régence et lance au fourbe Gonzague le fameux " Si tu ne viens pas à Lagardère, Lagardère ira à toi ! ", l'ami Bourvil fournit le contrepoint comique, mais aussi celui de la tendresse — puisqu'il est aussi la nounou attentionnée du bébé sauvé du massacre, la petite Aurore de Nevers. Valet ou factotum, émule de Sganarelle ou de Sancho Pança, il est en tout cas le second. Mais que serait *Le Bossu*, et plus tard *Le Capitan*, avec un Marais amputé de ce Bourvil qui est littéralement son bras droit ? Ces films " de cape et d'épée "

Avec Francis Blanche, dans La Jument verte, *1959*

fonctionnent sur l'équilibre de leur tandem. Et le public adolescent de l'époque, pour qui ils sont taillés sur mesure, leur fait un triomphe. Inspiré d'un roman d'aventures de Michel Zévaco, *Le Capitan* conte les exploits du chevalier François de Capestang, qui réussit à déjouer les complots de Concini contre le jeune roi Louis XIII. Avec l'aide, évidemment, d'un baladin godiche que joue un Bourvil chantonnant, flanqué de son amie Pierrette Bruno.

Reste la frustration... Bourvil est toujours dans l'attente du grand rôle, celui qui marque une vie. Il va le trouver (à ses propres yeux du moins) grâce au fidèle Alex Joffé qui lui propose d'être une nouvelle fois le partenaire de Michèle Morgan, dans *Fortunat*. Sans désemparer, le cher André affirmera jusqu'à son dernier jour que ce fut là son rôle préféré. Et ce fut la revanche du *Miroir à deux faces* ! Cordonnier, braconnier, homme à tout faire, Noël Fortunat est un brave type un peu fruste qui milite dans la Résistance. En service commandé, il doit protéger la femme d'un chirurgien déporté et son enfant (incarné par Frédéric Mitterrand !), les accompagner en train jusqu'à Toulouse et les installer dans un appartement. Pour plus de vraisemblance, il se fera passer pour le mari de Juliette. Humblement, Fortunat se considère au service de la belle bourgeoise, qu'il aime évidemment en secret — et c'est ici que se glisse insensiblement le mythe bourvilien.

On assiste à l'émancipation du " valet ", laquelle sera d'autant plus cruellement démentie qu'à la dernière minute, alors même que Juliette a répondu à ses sentiments, le vrai " maître " viendra reprendre sa place, d'où l'inévitable sacrifice, l'effacement de Fortunat. Comme si l'ordre immuable du monde ne pouvait supporter d'être ainsi dérangé. Le mari de Juliette ayant miraculeusement réchappé des camps de la mort, il serait inconcevable de poursuivre une relation condamnée d'avance. Épouvantable mélo pour les uns, œuvre profonde pour les autres qui y voient une fine analyse du couple et de ses occultes progressions, *Fortunat* remporte un succès égal et durable auprès de la critique et du public. Avec un record de popularité en URSS, où Bourvil, assistant en 1967 au festival de Moscou avec toute sa famille, est acclamé par un public en délire.

Le music-hall, l'opérette, le cinéma... Tous les loisirs populaires ont été explorés par un Bourvil qui les sacrifiera plus tard au boulevard et au vaudeville, mais restera toujours sur son quant-à-soi en matière de théâtre. Une entorse à cette règle, son apparition en tambour de ville dans *Knock* sur la scène de l'Odéon, où Jean-Louis Barrault, conquis, l'invite à jouer du Molière. Pourquoi pas Monsieur Jourdain ? Intimidé, Bourvil s'en tire par unc pirouette. Il n'oserait jamais ! Il n'oserait pas, mais qui sait la secrète envie qui l'en taraude ? Toute sa vie, l'amuseur des noces normandes est, au fond de lui, attiré par la respectabilité.

Plus tard, ce sera l'étonnante histoire de sa rencontre avec Jean-Paul Sartre. Un jour, le philosophe invite le comique à déjeuner. Au début, Bourvil est très tendu, il n'ose rien dire de peur de sortir une bêtise. En fait, ils sont aussi timides l'un que l'autre. Mais au bout de quelques

« J'suis un vrai coq en pâte Je ne me fais pas d'mouron Ron ron p'tit patapon »

minutes, la glace est brisée, ils en viennent vite aux confidences... Sartre lui parle théâtre, et lui annonce qu'il aura peut-être un rôle pour lui dans une prochaine pièce. " On s'entendait comme larrons en foire ", précise Bourvil, qui n'en revient pas. Comme autant de signaux, d'autres déclarations suivront, enfonçant le clou. Ainsi en 1968 : " Ce qui me tente maintenant, c'est de jouer une grande pièce dramatique. " Une ambition qu'il n'aura pas le temps de réaliser.

Fortunat, *1960*

« Au bon temps des rois fainéants… D'une main on mangeait, de l'autre on buvait »

C'est, en attendant, René Clair, valeureux pionnier d'un cinéma devenu désuet, désormais cintré dans son habit vert d'académicien français, qui l'engage pour un film dont tout un chacun va comparer l'inspiration à Molière ou à La Fontaine, *Tout l'or du monde*. René Clair, qui se lamenta lors de son discours de réception sous la coupole de n'être qu'un pauvre "montreur d'ombres", ne fait-il pas précéder son générique d'un rideau de théâtre à l'italienne ? Voici en tous cas, le scénario qui, à supposer que Bourvil soit schizophrène, serait de nature à résoudre sa névrose : il y joue trois rôles, chacun emblématique d'une phase de sa carrière. Toine, le fils, est à coup sûr le benêt paysan de ses débuts. Son père, représentant de l'immémoriale autorité rurale du patriarche, prend en compte sa dimension de " teigneux ". Tandis que le frère qu'on voit à peine, plus ou moins truand revenu des Amériques, recoupe ses rares emplois de " méchant ".

Les transformations physiques, surtout son vieillissement en père Dumont, font de cette triple performance un travail passionnant pour notre acteur, entouré de camarades de haut vol : Philippe Noiret et Claude Rich sont les aigrefins immobiliers qui veulent acheter sa terre (à prix d'or) au vieil agriculteur pour y construire un vaste complexe touristique. Il s'agit, dit René Clair lui-même, de railler " quelques aspects de notre vie moderne, d'une certaine frénésie économique, du bluff publicitaire… ". Le film est tourné dans le Sud-Ouest, ce qui devrait conduire le Normand Bourvil à un rôle de composition, mais cette fois on est au-delà des types régionaux, il est devenu le paysan tout court, l'archétype de l'homme de la terre.

Bourvil a donc conquis le haut de l'affiche, et plutôt trois fois qu'une. La comédie satirique sur " la vie moderne " étant à la mode, il va enchaîner avec celle que lui propose le cher Alex Joffé, baptisée d'abord *Les Plaisirs de la ville*, et qui sortira sous le titre *Le Tracassin*, par la grâce du président

Tout l'or du monde, *1961*

de la République de l'époque. Au cours de ses interventions et conférences de presse, le général de Gaulle prenait en effet un malin plaisir à relancer des termes obsolètes parmi les plus croquignolets. La production du film de Joffé crut bon de s'emparer aussitôt de celui-ci.

Le Tracassin repose entièrement sur Bourvil, incarnation de M. Tout-le-Monde. Un Français moyen encore plus français, encore plus moyen, employé dans un laboratoire qui fabrique des tranquillisants et agressé toute la sainte journée par des nuisances qui mettent ses nerfs à dure épreuve : le camion du laitier et les éboueurs au réveil, le vacarme de la circulation, le jeu de cache-cache avec les agents de police, l'attente au restaurant bondé où, bien sûr, catastrophe ultime, il n'y a plus de plat du jour ! Sans parler des démêlés avec une éternelle fiancée (Pierrette Bruno) qui tient à se faire épouser...

Au bout du compte, ce *Tracassin* a beau recevoir le prix Courteline 1961, c'est loin d'être un chef-d'œuvre de " l'humour français " ; mais Alex Joffé mijote déjà autre chose. Il a une bonne histoire, écrite par le comédien Etienne Bierry, située dans un Stalag. De quoi consoler Bourvil de n'avoir pas tourné comme il a failli le faire *La Vache et le prisonnier* sous la direction d'Henri

« Toi, tu es là
Tu regardes le monde
Le bonheur inonde
Le profond de tes yeux »

Verneuil, le rôle ayant finalement échoué, comme on sait, à Fernandel. Avec ces *Culottes rouges*, le gentil Joffé sort ses griffes. Récupérant ses petites lunettes de l'épilogue de *La Traversée de Paris*, à laquelle on ne peut éviter de penser, Bourvil incarne un perdant né, le pusillanime Fendard, qui s'occupe dans ce camp de prisonniers d'un théâtre amateur, ce qui lui a permis de s'aménager une petite vie tranquille, un vrai royaume à lui. Fendard va être confronté à son vivant contraire, un Rossi arrogant et sûr de lui (Laurent Terzieff), qui comprend d'emblée tout le bénéfice qu'il pourra tirer de la situation et le choisit comme souffre-douleur... et compagnon forcé d'évasion. Car Rossi passe son temps à jouer la fille de l'air, c'est pourquoi il est affublé des culottes rouges qui signalent à la vigilance des gardiens les récidivistes de l'évasion manquée. " Une manière de chef-d'œuvre " selon Maurice Bessy, qui voit dans *Les Culottes rouges* une subtile analyse des " liens terribles qui unissent le bourreau et sa victime, avec, au fond de tout cela, l'image comme en négatif de toutes les amours humaines, qui font que l'on est, tour à tour, le tyran et le supplicié de l'autre ". Pour Bourvil, c'est aussi, et surtout, une histoire d'amitié avec Laurent Terzieff, ce représentant prestigieux d'un théâtre proche de l'avant-garde.

Le Tracassin, *1961*

De prime abord, les deux hommes sont aussi opposés que leurs personnages. Mais entre le comique populaire jadis bêtifiant et le séducteur tourmenté et ténébreux, le courant passe. Terzieff tente d'attirer Bourvil au théâtre, et c'est lui qui l'incitera à prendre un virage déterminant en acceptant une proposition qui lui parvient pendant le tournage des *Culottes rouges*, sous forme d'un scénario signé Jean-Pierre Mocky. Mais André a horreur de lire ! Laurent s'empare du manuscrit et conseille vivement à son ami d'accepter. Cet avis ne tombe pas dans l'oreille d'un sourd, même si Bourvil, fidèle à ses règles de prudence, pèse longuement le pour et le contre, exigeant de Mocky une patience égale à sa propre placidité. Comme s'il se doutait déjà que cette rencontre allait être déterminante.

Décidément en pleine forme, il enchaîne avec *Les Bonnes causes*, un film noir consacré à la justice, tiré d'un roman très sérieux de Jean Laborde. Bourvil en magistrat ! La surprise est de taille. La mise en scène de Christian-Jaque, les mots ciselés de Jeanson, la présence de Pierre Brasseur, tout concourt à faire de ces *Bonnes causes* un film passionnant. Sans oublier le sujet : avec un bon avocat, un coupable peut-il se tirer d'affaire et faire payer un innocent à sa place ? Après la mort d'un milliardaire, sa veuve (Marina Vlady) accuse de meurtre la jeune infirmière qui était sa maîtresse (Virna Lisi), soutenue par un avocat machiavélique (Pierre Brasseur), tandis que le juge d'instruction (Bourvil) tente de faire triompher la vérité. L'affrontement entre Bourvil et Pierre Brasseur est bien dans la note de ces combats inégaux qui l'ont opposé à Jean Gabin ou à Laurent Terzieff. D'un côté, l'avocat cynique, le maître du barreau retors, le cabot sardonique qui s'avance en majesté et plaide brillamment… De l'autre, le " petit juge " intègre, rabougri derrière son bureau, handicapé de timidité, qui n'a que son honnêteté pour lui et se bat jusqu'au bout pour le respect de l'innocence. Au total, Christian-Jaque a réussi un film sur la justice particulièrement fort, du calibre des meilleurs Cayatte.

La carrière de Bourvil est désormais sur de bons rails. Deux bons films, appréciés par le public et soutenus par la critique, des projets intéressants, un Mocky qui fourbit ses comédies satiriques… Alors, pourquoi va-t-il sacrifier à nouveau à ce qu'on pourrait considérer comme ses démons, en remettant ses godillots dans les mêmes vieilles ornières pour jouer une pièce d'une rare nullité, *La Bonne planque* ? Il faut bien connaître Bourvil pour le comprendre, et bien l'aimer

Les Culottes rouges, *1962*

pour l'accepter. D'abord, il est certain qu'il ne pouvait prévoir qu'il allait tourner avec Mocky une série de comédies aussi réussies. Mais l'eût-il prévu, aurait-il été conscient de ses ambitions nouvelles, de la nécessité d'imposer une image plus complexe, il n'aurait pas forcément renoncé à cette respiration dans sa vie professionnelle, à cette alternance des genres. *La Bonne planque*, donc ! Cette comédie policière de boulevard est l'œuvre de Michel André, l'auteur de *Virginie*, qui avait permis à Bourvil de découvrir Pierrette Bruno. C'est celle-ci qui, ayant

Le Magot de Josefa, *1963*

sympathisé avec le dramaturge, a organisé la rencontre entre ses deux amis. Michel André a donc taillé sur mesures ce long et lourd vaudeville dont le héros est un petit fonctionnaire du ministère de l'Agriculture, musicien amateur (*remember* le Bouzin du *Fil à la patte* !) qui vit en bohème et voit débarquer chez lui un truand portant le butin du hold-up qu'il vient de commettre dans le quartier. Le gangster, un demi-sel, a surtout voulu impressionner sa maîtresse (ce sera évidemment Pierrette Bruno), qui finira par tomber dans les bras du brave Antoine...

« Mais vivre sans tendresse, on ne le pourrait pas Non, non, non, non ! On ne le pourrait pas »

La Bonne planque est créée en province, à Rennes, en février 1962. Elle tournera de ville en ville avant d'aboutir à Paris au théâtre des Nouveautés, mais l'explosion aura lieu en mars 1965, avec un de ces grands débats nationaux dont nous avons le secret. Un samedi soir de grève, l'ORTF, ne pouvant diffuser le programme prévu (un épisode des *Cinq dernières minutes*), propose un enregistrement de *La Bonne planque*, réalisé à Bruxelles par Louis Verlant pour la RTBF. La presse dans son ensemble stigmatise l'indigence d'une pièce de Boulevard particulièrement poussive et ringarde, mais surtout un produit bon marché, et la renonciation à toute ambition esthétique qui va de pair avec le principe même du théâtre filmé en public. Les téléspectateurs, eux, se disent satisfaits — voire enthousiastes ! Ils se sont bien divertis avec cette pièce sans prétention qui " ne prend pas la tête ", comme on ne le disait pas encore, et ils ont apprécié l'abattage d'un Bourvil bourvilissime. Le drame, c'est qu'on s'est aperçu ce soir-là, dans une préfiguration cauchemardesque de la télévision d'aujourd'hui, que la majorité de son public était profondément indifférente à l'ambition esthétique et à la qualité artistique tout court.

La polémique s'est épanouie en un tollé sans précédent. Alors que les professionnels se battent pour obtenir les moyens de faire une télévision de qualité (c'était le but de la grève en question), on a beau jeu de leur rétorquer que " les gens " n'en ont que faire, et qu'à tout prendre ils préfèrent une bonne rigolade hâtivement emballée. Conséquence imprévue, Pierre Sabbagh en tirera les leçons en lançant, en juillet 1966, selon les mêmes recettes, " Au théâtre ce soir ". Le brave Bourvil, simplement et sincèrement heureux d'avoir su faire rire ses semblables, évite de participer à la bataille rangée de *La Bonne planque*.

« Nous vieillirons ensemble, tout au long des années Nous vieillirons ensemble Heureux de nous aimer »

Le temps est venu d'entamer de nouvelles aventures. Auparavant, c'est l'adieu à Autant-Lara. Celui-ci, qui fut en quelque sorte son pygmalion, entame alors sa décadence avec le malheureux naufrage du *Magot de Josefa*. Bourvil y incarne un auteur de chansonnettes qui travaille en tandem (comme il le fit lui-même avec Etienne Lorin) et mange de la vache enragée, quand son associé imagine de s'emparer des économies supposées de sa mère. Il retrouve Pierre Brasseur, tandis qu'une star italienne, la pétulante Anna Magnani, emplit l'écran de sa présence tonitruante. D'emblée, on pressent que ce sera un échec. Ce qui n'empêche pas notre Normand de jouer les grands seigneurs. Comme toujours, c'est dans la discrétion la plus totale qu'il rend service. Le film n'étant pas un succès, loin de là, Autant-Lara frôle la faillite. Bourvil intervient alors à titre personnel, pour renflouer son metteur en scène par l'entremise d'un homme de confiance. Affaire de pudeur. Une pudeur qui fait partie intégrante du caractère réservé de Bourvil.

Mais ce sera sa dernière expérience avec l'auteur de *La Traversée de Paris* : pressenti pour être le héros des *Patates*, Bourvil s'esquivera sur la pointe des pieds, remplacé par le jeune Pierre Perret. Jean-Pierre Mocky piaffe d'impatience... Pourtant, ils sont plusieurs, dans l'entourage de Bourvil, à lui déconseiller une telle aventure. À commencer par la force principale, celle de Jeanne, qui ne se fera jamais à cette idée, car elle déteste cordialement l'insolent, l'anticlérical Mocky. Toujours restée dans l'ombre de son mari, Jeanne se rebelle alors, et signifie sa réprobation en sortant ostensiblement lorsque Mocky a rendez-vous avec André à leur domicile. La discrétion extrême de Jeanne Raimbourg ne saurait faire illusion : sa présence auprès d'André compte énormément. Moderne Pénélope, elle lui est indispensable. L'union sans faille et la solidité du couple qu'ils forment depuis toujours, et qui persistera jusqu'au bout, n'est pas le moindre atout d'un Bourvil qui a su, obstinément, protéger les siens de toute fureur médiatique, faisant tout pour que ses garçons ne soient jamais considérés comme " des fils de vedettes ". Le jeune Mocky est donc l'unique point de mésentente, la seule pomme de discorde entre eux. Mais chez André, l'instinct du comédien l'emporte. Il passera outre l'avis de Jeanne. Il est décidé à y aller. Il sait qu'il a besoin de changement.

Bourvil et sa femme

... c'était bien

Un pilleur de troncs organisé et méticuleux écume les églises parisiennes en uniforme de bon bourgeois, chapeau Éden gris à bords relevés et redingote à col de velours. On tourne *Un drôle de paroissien*. Est-ce vraiment Bourvil ? Qui nous a ainsi changé le brave péquenot bredouillant ? Le coupable s'appelle Mocky Jean-Pierre et répond à l'éternel surnom de " franc-tireur du cinéma français ". Un drôle de paroissien ! La définition pourrait s'appliquer à Mocky lui-même.

Beau garçon, acteur abonné aux rôles de jeune premier dans les années 50, employé en Italie par Antonioni, il s'est lancé dans la réalisation à l'époque de la " Nouvelle Vague ", mais complètement à l'écart de celle-ci. C'est qu'il est à l'aise, comme un poisson dans l'eau, dans cette tradition du cinéma français où les répliques font mouche, où l'atmosphère compte avant tout, où s'épanouissent les comédiens dits de seconds rôles, aux silhouettes extravagantes, aux physionomies pittoresques. Aussi, quand il découvre le savoureux roman de Michel Servin *Deo gratias*, dont le protagoniste est un hobereau ruiné de la place des Vosges qui se fait pilleur de troncs d'église pour subvenir aux besoins des siens, Mocky flaire le bon sujet de film. Il songe d'abord à... Fernandel, peut-être à cause du côté " Don Camillo " des soliloques de son héros. Le Marseillais se méfie.

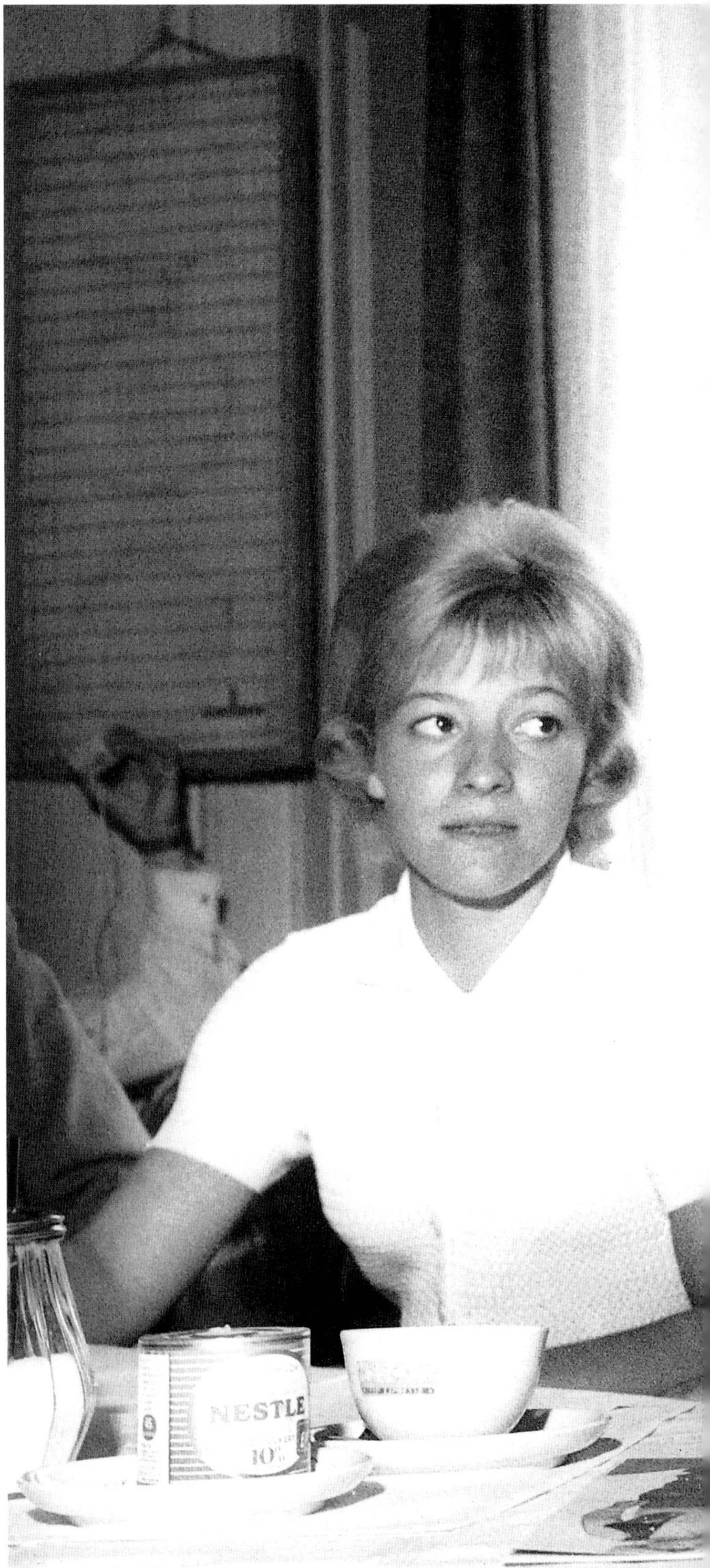

Mais qui d'autre que Mocky aurait l'idée de confier finalement à une vedette du " comique paysan " le rôle du sentencieux mais pieux malfaiteur, affectant un langage châtié et conversant avec les saints qu'il détrousse ? Sans cet iconoclaste, il est possible, et même probable, que la carrière de Bourvil se fût poursuivie, entre ses fidélités et ses coups de cœur, ses timides aspirations aux rôles " sérieux " et son souci de ne pas décevoir son public. Cette rencontre allait bouleverser ces tranquilles schémas, apportant une démesure, un grain de folie. Ainsi, Mocky a une manie qui s'avère parfois géniale, il veut à toute force modifier l'apparence de ses acteurs au point de les rendre parfois méconnaissables. Une perruque par-ci, une teinture par-là, un œil de verre, une barbe postiche, tout lui est bon pour de mémorables métamorphoses qui jouent sur la physionomie, mais aussi sur le langage, la diction et l'esprit des personnages. À l'instar des services secrets qui s'emparent d'un agent adverse et réussissent à le convaincre de

« On peut vivre sans la gloire ... Et s'en trouver bien »

travailler pour eux, Mocky va littéralement " retourner " Bourvil. Au zézaiement, aux bafouillis traînants, aux ronds de gorge, il substitue une voix légèrement ampoulée, avec des relents intellos, voire snobs !

Une vieille loi du spectacle se vérifie alors. L'habit faisant le moine, le comédien qui joue à l'imbécile passe pour un idiot véritable tant qu'il n'a pas changé de registre. Pour une partie du public, les cinéphiles, ceux qui vont voir les films de Mocky (mais qui seront relayés par les téléspectateurs à chaque rediffusion de ces films), Bourvil a désormais un profil droit de bourgeois patenté. Le statut social de ses rôles est en soi éloquent : aux antipodes du benêt bêtifiant qui fit ses gammes à l'ABC, il sera successivement fils de famille décavé (*Un drôle de paroissien*), inspecteur de police (*La grande frousse*), professeur de lettres (*La Grande lessive*), vétérinaire (*L'Étalon*). Lui qui fut si souvent le partenaire, la troisième roue du tandem, le faire-valoir, cette fois il est seul en haut de l'affiche. Si longtemps victime houspillée, souffre-douleur, domestique, il sera désormais meneur, *pater familias*, chef de bande sinon chef de gang, avec un zeste de prophète, de gourou écouté et respecté de ses disciples.

Le Georges de Lachaunaye onctueux et pontifiant d'*Un drôle de paroissien* est d'autant plus désopilant qu'il affronte une inénarrable " Brigade de surveillance des églises " où l'on trouve Francis Blanche, Jean Tissier, Marcel Pérès, Rudy Lenoir et Jean-Claude Remoleux, qui s'en donnent à cœur joie, se déguisant en curé, bedeau ou même bonne sœur, voire mariée ! Succédant à cet aristo décavé, le policier de *La Grande frousse*, l'inspecteur Simon Triquet, a une

Sur le tournage du film Le Corniaud, *1964*

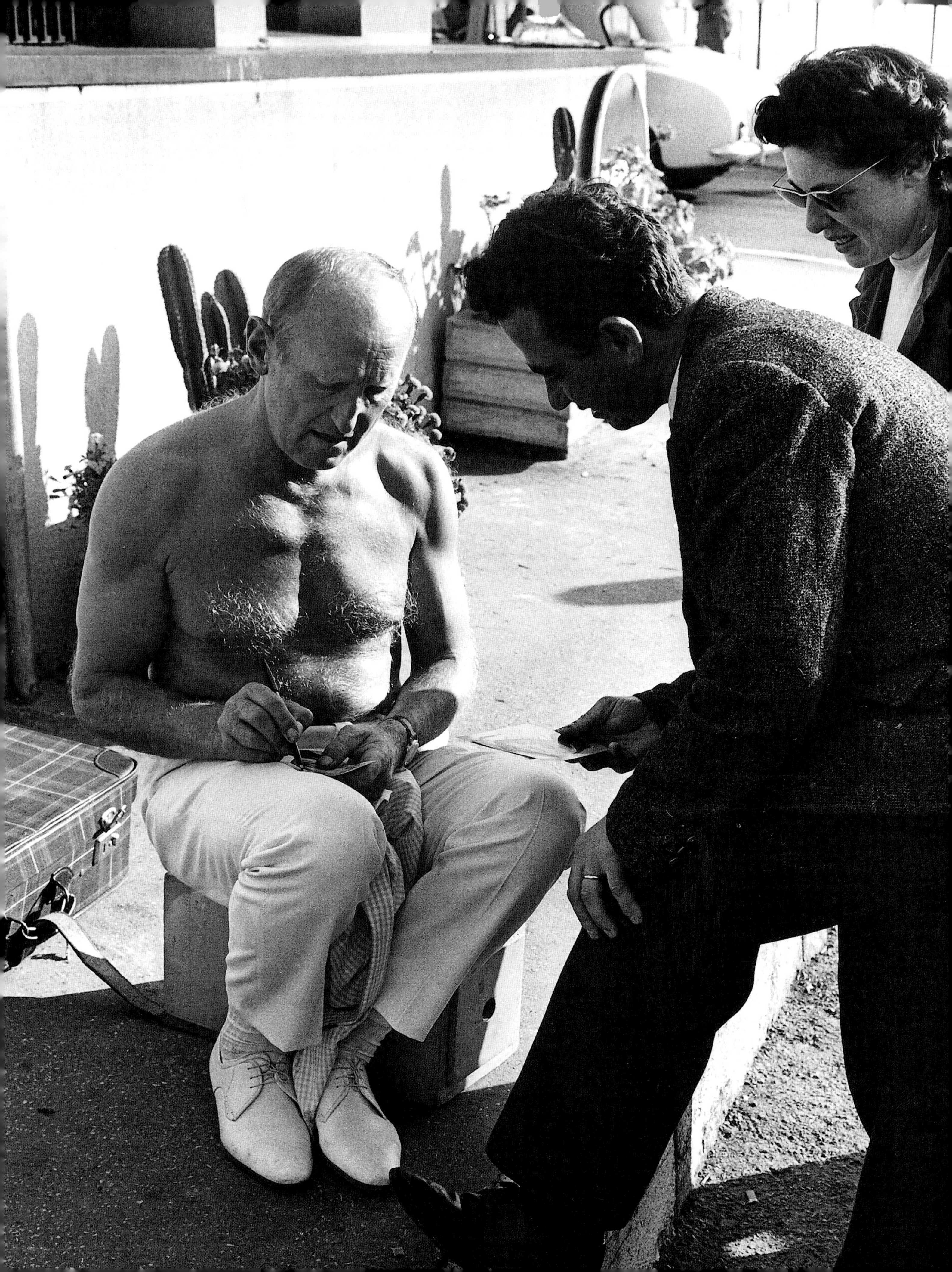

allure anglo-saxonne (il s'appelait Triggs dans le roman de Jean Ray ici adapté par Mocky, *La Cité de l'indicible peur*). L'argument est tout simple, c'est la traque d'un faux-monnayeur évadé qui mène Triquet à Barges, localité où une série d'assassinats est mise sur le compte d'une " Bête " monstrueuse. Toujours aux lisières du fantastique et de l'épouvante, la description d'une petite ville par le conteur flamand rejoint la volonté de Mocky de stigmatiser la lâcheté, l'hypocrisie et toutes les turpitudes secrètes de notables provinciaux.

Enquêteur timide et complexé, Bourvil-Triquet apparaît comme le (faux) naïf, le seul Juste en définitive de cette Sodome burlesque. Le film désarçonne un peu tout le monde. Les fans de Bourvil sans doute, mais aussi ceux de Jean Ray, entraînés dans une espèce de cabale très injuste. Il sera repris en 1972, Mocky en ayant récupéré les droits, dans un montage corrigé et sous son titre original, *La Cité de l'indicible peur*. Il fera cette fois l'unanimité...

Dans sa maison à Montainville, 1968

« Tu es ma maison Mon bonheur et mes fêtes Là où enfin s'arrête Ma vie de vagabond »

Dans *La Grande lessive*, Bourvil (barbu !) est le dévoué professeur Armand Saint-Just qui, scandalisé par les effets de la télévision vespérale sur les capacités de concentration de ses élèves, décide d'en finir avec le fléau. Avec le concours d'un groupe de conjurés (Jean Poiret, Francis Blanche en dentiste coiffé d'une perruque blonde, Jean Tissier en droguiste, Roland Dubillard en prof de gym...), il entreprend d'arroser les antennes hérissant les toits d'une solution chimique qui les empêchera de capter les ondes hertziennes. La fantaisie étourdissante de cette comédie-croisade, semée d'idées farfelues (Ah ! Jean-Claude Remoleux en policier balourd fredonnant le *Marinella* de Tino Rossi !), lui permet de fonctionner encore à chacune de ses rediffusions à... la télévision !

La collaboration des deux hommes se serait probablement arrêter là, Bourvil étant très réticent à remettre ça avec le scénario que lui proposait ensuite Mocky, *L'Étalon*. Encore une fable incongrue où un vétérinaire baptisé William Chaminade (du Mocky tout craché !), pris de compassion pour les épouses délaissées par des maris défaillants, imagine de leur fournir une équipe d'étalons, en tout bien tout honneur !

N'empêche. Pour en être amateur d'histoires gaillardes, on n'en est pas moins prude, et ce scénario ne plaît guère à Bourvil qui le refuse d'abord. C'est aussi, comme on le verra plus loin, qu'il est de plus en plus atteint par la maladie. Paradoxalement, c'est la révélation de la gravité de son état de santé (une feuille à sensation en a fait ses gros titres) qui le pousse à changer d'avis, comme s'il voulait braver le monde entier. En costume blanc et chapeau noir, le crâne rasé cette fois, Bourvil donne sa nonchalance mélancolique à ce doux rêveur, à cet utopiste pétri de bonne volonté qui va défendre sa cause jusqu'à l'Assemblée nationale. On comprend que Jean-Pierre Mocky ait été inconsolable à la mort de son acteur fétiche, qui venait de signer pour *L'Albatros*. Il ne le remplacera jamais. Avec quatre films ne ressemblant à aucun autre, la tétralogie de Mocky reste à part, inclassable fleuron du palmarès Bourvil. Après ces rôles, quoi qu'il en soit, " plus rien ne sera comme avant ".

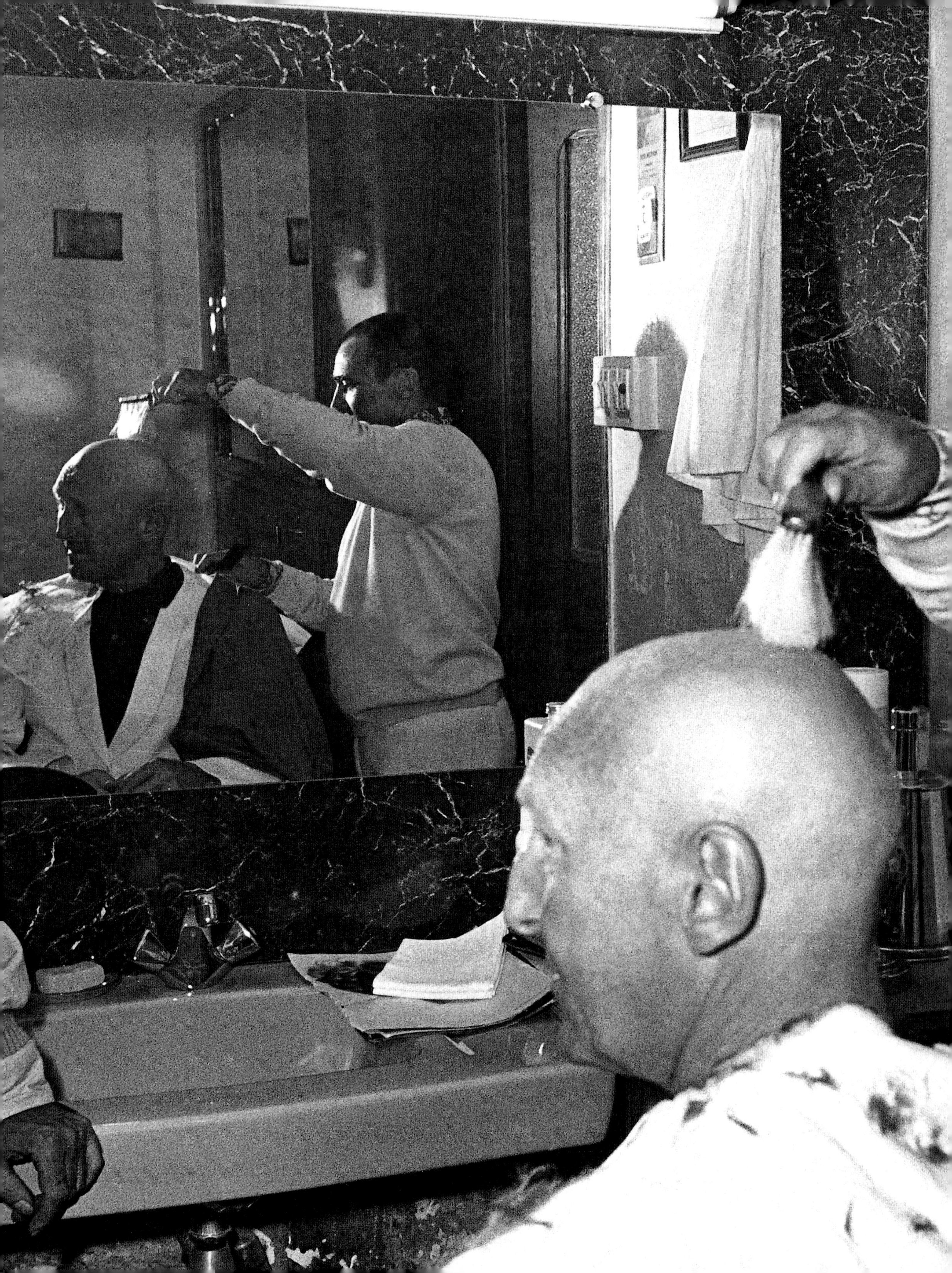

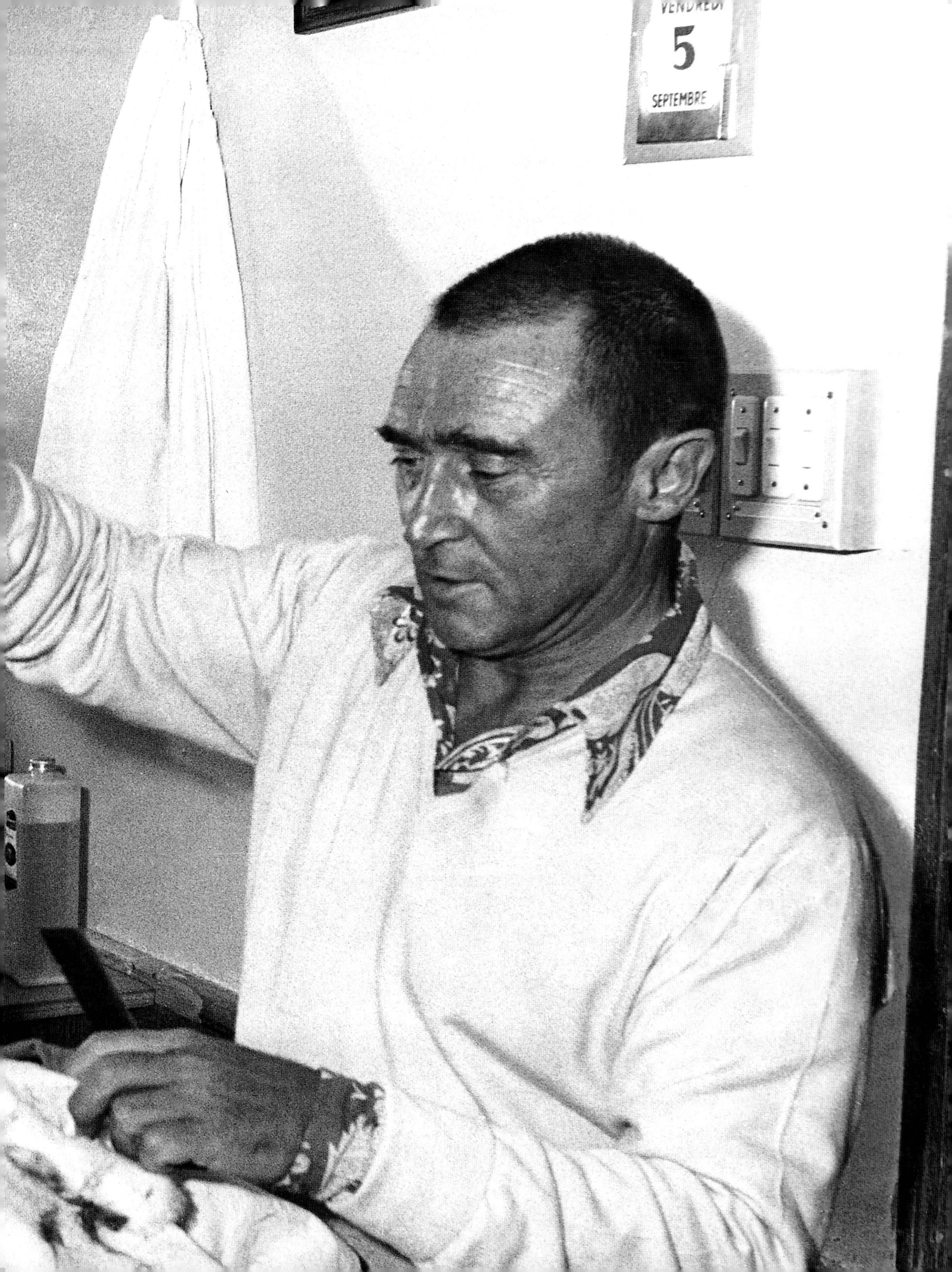
5
SEPTEMBRE

« Quand j'ai eu fini d'raconter Si vous aviez vu à la ronde Comment ils ont tous rigolé »

Pour esquiver à une proposition de Mocky, Bourvil avait assuré qu'il ne voulait pas tourner avec Fernandel, son idole des années 30. La rencontre (qui restera unique) va cependant se produire en 1963 sur le tournage de *La Cuisine au beurre*, sous les auspices du fidèle Gilles Grangier. Certes, les deux hommes se sont déjà rencontrés, ne serait-ce que lors de la remise du prix Courteline 1963. Ce jour-là, chacun y alla de son speech, le Normand clamant son admiration pour le Méridional, et Fernandel affirmant qu'il était venu applaudir Bourvil à l'ABC, à l'époque héroïque. Mais cette fois, il ne s'agit plus de se lancer des panégyriques. Le contact n'est pas des plus chaleureux. André, dont la qualité la plus incontestable reste la modestie souriante, se trouve face à face avec un " M. Fernand " constamment emphatique, donnant toutes les apparences d'un être imbu de sa personne, conscient de son statut de star, se retirant continuellement dans sa caravane comme sur l'Aventin. Une armée d'assistants et de stagiaires est dévolue au service de M. Fernand, sous l'œil amusé d'un Bourvil que ce genre d'attentions gênerait plutôt. Bref, le courant ne passe pas. Quant à Grangier, ceci expliquant peut-être cela, il n'est pas dans sa meilleure forme : la confrontation supposée hautement pittoresque entre nos deux plus grands comiques régionaux ne suffit pas. Au lieu de multiplier leurs potentialités comiques, nos deux vedettes s'annulent. Tout s'explique quand on connaît les conditions épiques du tournage, fruit de l'impatience du producteur Robert Dorfmann, qui met la charrue avant les bœufs et décide de commencer sans avoir de vrai scénario, envoyant tout le monde dans le Midi en attendant que les travaux d'écriture soient bouclés…

Mais le cinéma a une logique que la raison ne connaît pas : *La Cuisine* est un triomphe commercial qui remet en selle son producteur, et va lui donner l'occasion de rebondir d'une façon aussi miraculeuse que spectaculaire. Car Robert Dorfmann a l'idée fixe de forger de nouveaux tandems. À peine a-t-il réuni Bourvil et Fernandel, pour un résultat dont il sent bien qu'il n'est pas fameux, qu'il songe à Bourvil et De Funès. Et cette fois, ce sera le pactole, les films populaires par excellence de la France gaulliste, *Le Corniaud* d'abord et, enfin, le n° 1 de toute l'histoire du cinéma français, *La Grande vadrouille*.

On a vu que Bourvil avait presque toujours vécu sur le duo. Il en a connu beaucoup, dans l'opérette avec Guétary ou Mariano, au cinéma avec Jean Gabin, François Périer, Jean Marais, Bernard Blier ou Laurent Terzieff… mais aucun n'aura produit une telle osmose, une telle alchimie bénéfique pour l'un comme pour l'autre. Tout tandem implique un rapport de force, parfois avec une dimension sadomasochiste (voir Laurel et Hardy), de domination, d'exploitation. Les rôles semblent distribués d'avance entre Bourvil, le brave lampiste, le petit commerçant parigot, et le frénétique, le colérique, le dominateur De Funès. Le premier est chargé par le second de conduire de Rome à Bordeaux, une voiture américaine truquée, bourrée d'or, de drogue et de bijoux… Deux bandes rivales vont s'entre-tuer autour du pékin inconscient qui finira par

La Cuisine au beurre, *1963*

« On a donné chacun de tout son cœur
Ce qu'il y avait en nous de meilleur »

« Douce, douce, si douce est la vie »

découvrir le pot aux roses et retourner la situation à son avantage. Le titre choisi par Oury, *Le Corniaud*, dont on peut déplorer la vulgarité assez brutale, désigne évidemment Bourvil… mais vu par De Funès, le gangster cynique qui se fera rouler par le, décidément, faux naïf.

Le film va hisser Louis De Funès au rang de star, ce qu'il n'est pas encore lorsqu'il se fait recruter par Gérard Oury, malgré le succès encore frais du *Gendarme de St-Tropez*. Signe tangible de ce hiatus, le cachet du placide normand est trois fois plus important que celui de son nouveau camarade. Et De Funès ne craint rien tant que de servir de faire-valoir à celui-ci. Oury lui a promis qu'ils seraient à égalité, certes. Mais le début du tournage semble le contredire, et De Funès se met à bouder au sortir des premiers rushes, qui font apparemment la part plus belle à Bourvil. Il faudra des trésors de diplomatie, et la placide patience de " l'André ", pour arrondir les angles, De Funès étant finalement récompensé.

Après le triomphe du *Corniaud*, Dorfmann et Oury n'ont qu'une idée en tête, remettre ça avec leur tandem miraculeux. Louis et André ne demandent pas mieux. En avant donc pour *La Grande vadrouille*, qu'ils partent tourner en Bourgogne. Qui aurait pu prédire le phénomène ? Avec plus de 17 millions de spectateurs, le film détiendra longtemps le titre de plus grand succès en France (avant d'être détrôné par *Titanic*). Habilement, Oury a troussé avec Marcel Jullian et Danièle Thompson un scénario qui exploite à nouveau le couple maître/esclave de Bourvil et De Funès, dans le contexte inépuisable et toujours apprécié de l'Occupation. L'occasion est toujours bonne, comme une petite revanche à retardement, de railler les lourds Teutons ! Il n'y aura pas de troisième Bourvil-De Funès.

Le Normand n'aurait pas souhaité que se forme une sorte de couple officiel. Peut-être aussi craignait-il de se laisser dévorer tout cru par l'appétit féroce de son partenaire. Le critique Pierre Billard n'avait-il pas écrit que, dans *La Grande vadrouille*, De Funès " le réduit à l'état de brillant second " ?

On a désormais recours à Bourvil, y compris pour des superproductions internationales. Il apparaît ainsi dans *Le jour le plus long*, où il incarne le maire d'un village, forcément normand, le Français moyen idéal (comme dans *Si Versailles m'était conté*). Et puis dans un sketch signé

À la première de La Grande vadrouille, *1966*

Christian-Jaque d'un film d'espionnage parodique, *Guerre secrète* ; notre ex-comique paysan se retrouve espion, multiplie les cascades et se fait piéger quand on le fait tourner, par surprise, avec une Annie Girardot complètement nue — l'idée étant de profiter, pour le naturel, de sa gêne sincère.

À 48 ans, Bourvil revient à un statu quo plus tranquille avec *La Grosse caisse*, d'Alex Joffé, une comédie un peu courte dont les limites se font vite sentir, comparées aux satires incisives d'un Mocky. Viendront ensuite *Les Grandes gueules* de Robert Enrico qui offre à Bourvil le rôle dramatique d'un rude scieur de bois, amené à recruter des condamnés en liberté conditionnelle, parmi lesquels Lino Ventura. C'est avec celui-ci que s'organise, cette fois, l'inévitable tandem à balancier. Peu à peu, le personnage de Bourvil s'élève dans l'échelle sociale : patron de scierie dans *Les Grandes gueules*, il sera entrepreneur des travaux publics dans *Trois enfants dans le désordre* (avec Jean Lefebvre) et juge pour enfants dans *Les Arnaud* (avec le chanteur Adamo), deux films du calamiteux Léo Joannon qu'il est préférable de passer charitablement sous silence.

Ces faux pas n'ont d'ailleurs guère d'importance et ne remettent pas en question la place de choix que Bourvil occupe désormais dans le cinéma français. La faille dans le bel édifice, c'est la maladie qui va le frapper à l'improviste, en mars 1967. Bourvil est à Lyon pour une reprise de l'opérette *Ouah ! Ouah !*, un chef-d'œuvre de débilité selon les rares témoins qui s'en souviennent, quand l'apparition d'un kyste douloureux derrière l'oreille le gêne cruellement. André incrimine les copieuses avoines échangées lors du tournage mouvementé des *Grandes gueules*, avec Lino Ventura et consorts. Un dermatologue de Lyon analyse et rend son verdict : le petit bobo est cancéreux. De méchantes rumeurs vont circuler dans le métier, mais le secret reste bien gardé. Il faut dire que, jusque-là, Bourvil a été plutôt épargné par la presse à sensation. Une seule fois, on s'est attaqué à sa vie privée, en présentant comme un scoop à la une : " Des révélations sur la liaison Bourvil-Pierrette Bruno. " Des allégations sans preuve, sans la moindre photo. N'empêche que l'effet est désastreux et que

Avec Paul Meurisse, dans Trois enfants dans le désordre, *1966*

« On partageait tout sans faire de façon »

Bourvil, ulcéré, est obligé de démentir auprès de sa famille, en Normandie. Mais il renonce au droit de réponse qui lui eût donné l'impression pénible de se justifier. Les hebdos à scandale n'y reviendront pas à deux fois.

La maladie est présente et le tournage suivant sera, hélas, catastrophique. L'ami Alex Joffé, reconstituant l'ambiance épique des premières courses cyclistes dans *Les Cracks*, prend à cœur de renouveler le personnage de Bourvil, qui sera enfin bougon, hargneux, atrabilaire. Moustaches conquérantes et bandes molletières, comme sur les photos jaunies, il a fière allure en inventeur farfelu qui devient champion de vélocipède en 1901 sur la course Paris-San Remo, poursuivi par un huissier que joue un Robert Hirsch sardonique, hérité du *slapstick*. Pendant ce tournage, Bourvil ne s'écoute pas, il se dépense sans compter malgré la chaleur étouffante et... il est victime d'une chute malheureuse. Son vélo entre en collision avec le triporteur de Monique Tarbès, projetant l'acteur sur un talus. Il se relève en titubant, fanfaronne, mais il a écopé d'un hématome au bas du dos, occasionnant une énorme bosse et des douleurs permanentes. Le choc a-t-il réveillé un rhumatisme, une arthrose ? Il est un des seuls à savoir que ce sont les progrès du mal silencieux qui est en lui. Devant les journalistes, il prétend qu'il s'est simplement démis deux vertèbres.

Il ne va pas jouer les douillets alors que Gérard Oury le réclame pour *Le Cerveau* ! Pour l'auteur de *La Grande vadrouille*, le succès a été écrasant. Il a longtemps hésité avant de choisir un sujet qui pût rassembler un aussi large public, s'arrêtant finalement sur le " hold-up du siècle " du train Glasgow-Londres. Le " cerveau " est évidemment le concepteur de ce coup génial, qui trouve un interprète idéal en la personne de David Niven. Face à lui, deux petits malfrats français qui veulent réaliser un remake de son exploit entre Paris et Bruxelles. Ce sont des anciens d'Indochine, l'un (Bourvil, bien sûr) devenu honnête déménageur, l'autre (Belmondo) petit truand. De nouveau, Bourvil affronte son partenaire dans un tandem inégal dont il est le maillon faible... en apparence du moins. Mais voilà, le tout manque de drôlerie et souffre autant de la baisse d'inspiration de Gérard Oury que de la fatigue croissante de notre acteur.

On l'a déjà dit : malgré leur triomphe commun, Bourvil ne souhaitait pas retourner trop vite avec De Funès. Il a donc bien accueilli Belmondo, dont la sympathie naturelle est de bon augure. Tout se passe donc pour le mieux, sauf que voir arriver chaque matin un Belmondo sportif et en pleine forme ne peut que rappeler à Bourvil les progrès du mal qui le ronge. Par ailleurs, on sent

À gauche : Les Cracks, *1967 — Ci-dessus : avec Jean-Paul Belmondo dans* Le Cerveau, *1969*

« On le prend à tous les âges, le chemin des écoliers »

très vite que l'état de grâce de *La Grande vadrouille* est bien loin. Oury s'essouffle à poursuivre des gags improbables, qu'il estime indispensables d'inscrire dans des décors de plus en plus somptueux et d'enrober de mises en scène de plus en plus dispendieuses — une erreur de jugement qui va devenir son principal défaut. Après *Le Cerveau*, Oury ne baisse pas les bras et, conscient de la formidable efficacité du tandem Bourvil-De Funès, prépare pour eux une parodie du *Ruy Blas* de Victor Hugo, *La Folie des grandeurs*. Il en déroule les futurs gags à un Bourvil las, qui sait déjà qu'il ne sera pas de cette aventure et qui, dès lors, se contente d'assurer ses contrats.

Une nouvelle étape est franchie pendant le tournage de *L'Arbre de Noël* de Terence Young, en 1969. Après consultation d'un médecin niçois, le diagnostic tombe. Il s'agit d'une décalcification osseuse de la colonne vertébrale, aggravée d'une tumeur du bulbe rachidien, en un mot la terrible maladie de Kahler, ce cancer des os et de la moelle épinière qui emportera plus tard le président Pompidou. Cruelle ironie du sort, *L'Arbre de Noël* est l'histoire d'un petit garçon, fils de milliardaire, atteint de leucémie à la suite d'une explosion, et qui mourra le soir de Noël, au pied du sapin, entouré de son père et de son homme de confiance joué par Bourvil. La fatalité frappe ainsi, parfois, ceux qui se vantent de ne jamais tomber malade. Hanté depuis toujours par la mort, surtout en automne (il mourra le

premier jour de cette saison !), Bourvil s'en cachait et se plaisait à fanfaronner. " J'ai une santé d'archevêque ", proclamait-il avec un clin d'œil à qui voulait l'entendre. Alors que le doute n'est plus permis, il décide de faire comme si. Il choisit de dissimuler sa maladie, et longtemps il y parvient. Rarissimes sont les confidents de son état. À sa mère elle-même, il tient à tout épargner. Elle ne saura rien avant le soir de la mort de son fils. Il se remet même à faire de la radio, et quotidiennement ! Sur l'antenne d'Europe 1, en compagnie de Robert Rocca et de Maurice Horgues, il improvise sous le sobriquet de " Monsieur Paillasson ".

Sur le tournage du Cercle rouge, *1970*

Une proposition lui arrive alors, du genre de celles " qu'on ne peut pas refuser ". Jean-Pierre Melville, un des plus prestigieux parmi les cinéastes français, prépare *Le Cercle rouge*. La distribution réunit Yves Montand, Alain Delon, Gian-Maria Volonté et Lino Ventura pour le rôle du commissaire Matteï. Finalement, ce sera Bourvil à qui Melville redonne son prénom, peu connu du public. " Jean-Pierre Melville lui rend son prénom au générique comme on tend un bâton de maréchal à un adjudant ignoré ", écrit alors Dominique Borde dans *Le Figaro*. " André Bourvil est un grand acteur, confie le cinéaste à Rui Nogueira, un des plus grands acteurs français. Il y a des moments où il est absolument bouleversant. Il apporte à mon histoire un élément d'humanité que je n'avais pas imaginé et que n'aurait pas apporté Lino Ventura. Lino Ventura aurait joué le commissaire et il n'y aurait pas eu de vraie surprise, tandis qu'avec André Bourvil, et grâce à André Bourvil, il va y en avoir pas mal. " Pour beaucoup, en effet, c'est quasiment une révélation. Tourné au printemps 1970, *Le Cercle rouge* sort en octobre, un mois après la mort de l'acteur. La gravité désespérée de son commissaire Matteï frappe alors d'autant plus qu'on comprend qu'il est allé jusqu'au bout, comme Molière.

« J'ai caché pour toi tous les mots que j'aime dans cette chanson-là »

Quand il tourne *Le Cercle rouge*, André a déjà subi 92 bombardements au cobalt, ce qui ne l'empêche pas de refuser un cascadeur dans des scènes aussi dures que cette course dans la forêt, ni de plaisanter, ultime élégance, se payant le luxe de cette farce gravée sur pellicule : au dernier jour de tournage, il demande à Melville d'enregistrer une prise supplémentaire du dernier plan... L'inspecteur Matteï se tourne alors vers son adjoint et, le plus sérieusement du monde, s'exclame : " Eh bien voyez-vous, si je suis arrivé à la solution de cette affaire, c'est parce que j'ai appliqué... " Et, se mettant à chanter : " La ta-que-ta-que-tique du gendarme ! " Jusqu'au-boutiste de la bonne humeur, il va jusqu'à enregistrer avec Jacqueline Maillan un disque où, ne reculant devant rien, ils reprennent drôlatiquement le *Je t'aime moi non plus* de Serge Gainsbourg et Jane Birkin sous le titre *Ça*, et sur la face B son *Pauvre Lola*.

Bourvil enchaîne avec *Le Mur de l'Atlantique*, son dernier film, qui sortira peu avant *Le Cercle rouge*. Ce récit du colonel Rémy met en scène un cafetier normand qui, peu avant la Libération, ignore que sa fille cache dans sa chambre (et même dans son lit) un fringant parachutiste anglais. Bourvil fait tout pour cacher son martyre et, jusqu'au dernier moment, refuse de se laisser doubler pour une scène de bagarre. Marcel Camus, le réalisateur de *Orfeu negro*, n'est pas dupe. " Je suis fier de ce film, qui a prolongé sa vie ", confiera-t-il. Au courant de son état

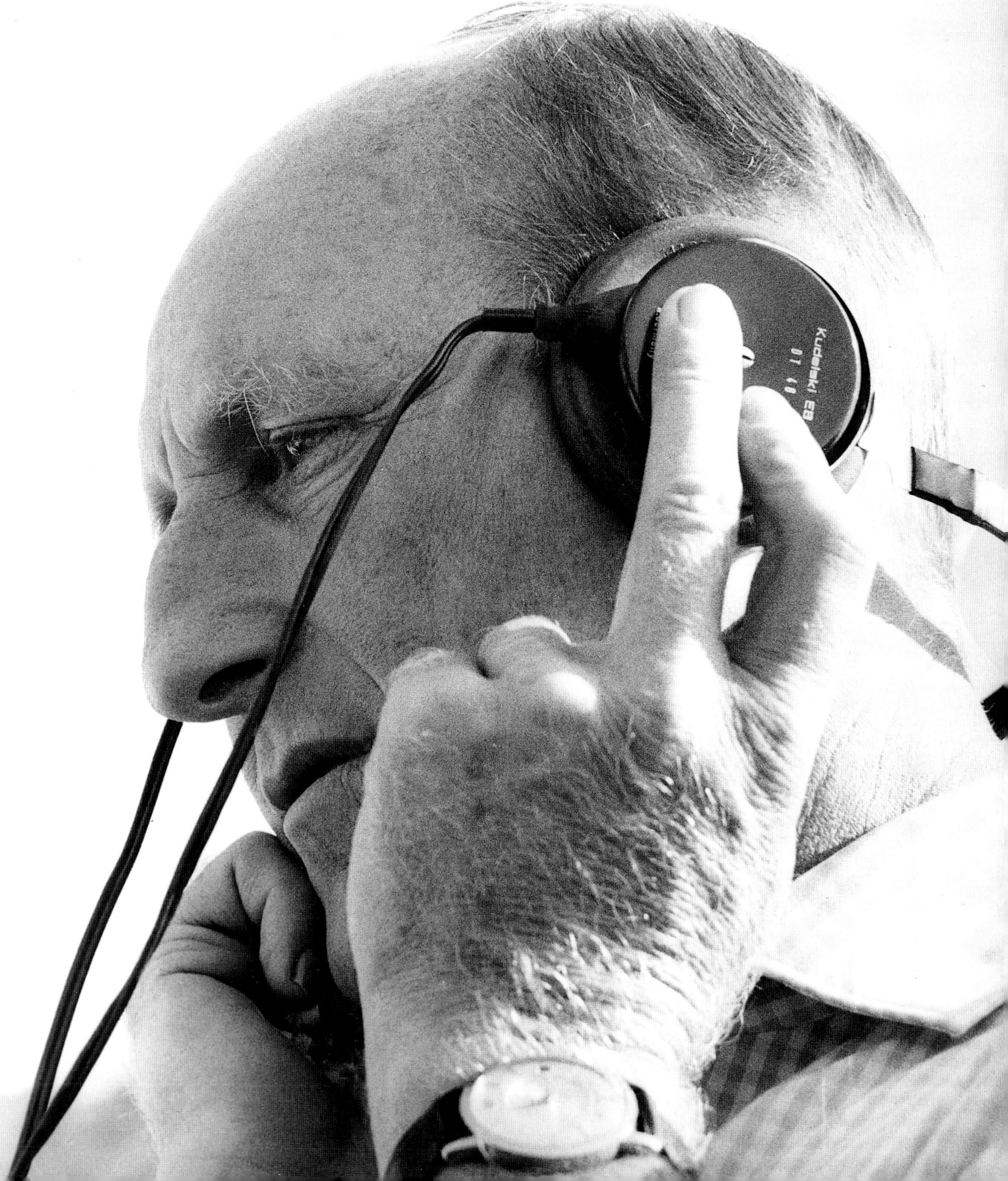
Kudelski EB

de santé, les compagnies d'assurances font grise mine. Elles ont déjà refusé de l'assurer pour *L'Étalon* de Mocky, alors il a payé lui-même prime et surprime. Pour *Le Mur de l'Atlantique*, il n'a eu droit qu'à douze jours, mais il continue à tout cacher, même à ses amis les plus proches, comme sa doublure, Lucien Privat.

L'été sera morose. Lui qui ne s'est jamais plaint, il peste contre l'injustice du sort. Il a pourtant tout fait pour préserver une santé dont, en bon paysan, il sait à quel point elle est précieuse. Il a suivi un régime diététique astreignant et s'est refusé bon nombre des petits plaisirs de l'existence. Craignant la maladie et hanté par la mort sans jamais en souffler mot, il était devenu un parangon de sobriété et de régularité. Bref, il a toujours été raisonnable, et voilà que ça tombe sur lui ! Rage et désespoir. Il s'éteint le 22 septembre à minuit, ce 22 septembre dont son ami Brassens avait fait une chanson de désamour, en murmurant à Jeanne éplorée un pathétique " Ne me laisse pas partir ". La nouvelle tombe le lendemain à 18 h 16. Il avait pourtant demandé qu'on n'annonce pas sa mort avant son enterrement, afin que tout se passe dans la plus stricte intimité. Mais c'était compter sans une opératrice téléphonique, qui surprit une communication adressée à sa mère et s'empressa d'appeler le " téléphone rouge " d'Europe 1. Les médias ont été plus forts que lui...

Remerciements

Trente ans après sa disparition, il n'aurait pas été possible de tracer ce portrait d'André Bourvil si d'autres, avant nous, n'avaient soigneusement recueilli et retranscrit de précieux témoignages. Citons particulièrement l'ouvrage très complet de Jacques Lorcey, *Bourvil* (PAC, 1981), et le riche travail d'enquête de Philippe Huet et Élizabeth Coquart, *Bourvil ou la tendresse du rire* (Albin Michel, 1990, édition poche chez J'ai lu, 1992).
Signalons aussi *Bourvil, du rire aux larmes* de Pierre Berruer (Presses de la Cité), *Notre ami Bourvil* de Catherine Claude (Éditeurs français réunis) et *André Bourvil* de Maurice Bessy (Denoël).
Remercions également Pascal et Annie Delmotte de l'Association les Amis de Bourvil pour leur collaboration.

Pour en savoir plus,
être tenu au courant de leurs activités, contacter :
L'association des Amis de Bourvil - Pascal Delmotte
22, rue de la station - 7120 Estinnes - Belgique
pascaldelmotte@infonie.be

Toutes les phrases citées en exergue sont extraites de chansons et monologues interprétés par Bourvil.

Crédits

Couverture : © ROGER-VIOLLET

© ASSOCIATION ANDRÉ BOURVIL : p. 6/7, 9, 10, 14/15, 17, 22/23, 26, 29, 31, 38, 40/41, 43, 48/49, 52, 54/55, 59, 64, 76/77, 97.

© CORBIS-SYGMA : p. 5, 30, 68, 69, 79, 80/81, 82/83, 86/87, 88/89, 91, 92, 93, 94/95.

© ROGER-VIOLLET : p. 13, 21, 34, 47, 58, 74.

© RUE DES ARCHIVES : p. 16, 24, 25, 27, 32, 63, 65, 70, 73.

© BERNAND : p. 18, 35.

© A.F.P. : p. 19, 90.

© KEYSTONE : p. 37, 56, 84/85.

© DALMAS SIPA : p. 98.

© Raymond Depardon / MAGNUM : p. 51.

© Ministère de la Culture : Roger Corbeau : p. 53 , Studio Harcourt : p. 44

© IMAPRESS : p. 60.

© Claude Schwartz : p. 67.

© René Gendre / BDIC : p. 42.

Production éditoriale - Estelle Cerutti - François Grosso
Direction artistique - Gaëlle Chartier
Iconographie - Violaine Joire

Photogravure
BUSSIÈRE

Achevé d'imprimer par PPO Graphic, 93500 Pantin (France)
en Août 2005